Anton Bauer

Das Kanton-Englisch

Ein Pidginidiom als Beispiel für ein soziolinguistisches
Kulturkontaktphänomen

Herbert Lang Bern
Peter Lang Frankfurt/M.
1975

ISBN 3 261 01711 2

©

Peter Lang GmbH, Frankfurt/M. (BRD)
Herbert Lang & Cie AG, Bern (Schweiz)
1975. Alle Rechte vorbehalten.

Druck: fotokop wilhelm weihert KG, Darmstadt

Herrn Professor Dr. Otto Hietsch, M. Litt.,
der mir stets mit wissenschaftlichem Rat
zur Seite stand, danke ich für sein Interesse am Gegenstand dieser Untersuchung und
für sein Entgegenkommen, die Arbeit in
seine Schriftenreihe aufzunehmen.

INHALTSVERZEICHNIS

DAS KANTON-ENGLISCH

EIN PIDGINIDIOM ALS BEISPIEL FÜR EIN SOZIO-LINGUISTISCHES KULTURKONTAKTPHÄNOMEN

MEINER LIEBEN FRAU

1. DIE ETYMOLOGIE DES BEGRIFFES 'PIDGIN'

Für die Herleitung des Terminus Pidgin zeichnen sich zwei
Möglichkeiten ab. Zum einen plädieren führende Sprachwissenschaftler für eine Entlehnung aus der südamerikanischen
Sprache der Yayoindianer,[1] andererseits spricht auch einiges
für eine mögliche Einwirkung des Chinesischen bei der Entstehung des Wortes. Beide Etymologien sollen gegeneinander
abgewogen werden, da über sie bislang ziemlich große Ungewiß-
heit bestand.[2] 1959 veröffentlichte D. Kleinecke einen Artikel,[3] in dem er die bis dahin gültige Annahme, der Begriff
sei durch den phonetischen Einfluß des Chinesischen auf das
englische Substantiv *business* entstanden, zu widerlegen versuchte. Hall, der zuvor in seinem Buch *Hands off Pidgin
English!* nur eine vage Erklärung für den chinesischen Lauteinfluß geben konnte, bekannte sich daraufhin zu der neuen
Ableitung.

Kleinecke weist nach, daß 1605 unter Kapitän Charles Leigh
am Oyapock-Fluß[4] einer der ersten Versuche einer englischen

---

[1] So D. Kleinecke und R.A. Hall jr.

[2] Vgl. die Stellungnahme R.A. Halls in *Hands off Pidgin
English!* (Sydney, 1955), S. 30. f., wo er die Entwicklung
des Begriffes recht einfach und sehr unklar darstellt.

[3] "An Etymology for 'Pidgin'", *International Journal of
American Linguistics*, 25 (1959), 271-272.

[4] Heute die Grenze zwischen Brasilien und Französisch-
Guayana.

Kolonisierung unternommen wurde. Die weißen Kolonisten kamen
bald mit den dort ansässigen Yayoindianern in Kontakt, trafen aber unerwartet auf Schwierigkeiten. In diesem Zusammenhang ist aus einem Lagebericht der damaligen Zeit eine eigen-
tümliche Schreibung für die Indianer zitiert: "... the
colonists suffered 'great want of victuals, for that the
Pidians could not at all times provide them that they
wanted.'"[5] Dies ist nicht das einzige Mal, daß der Begriff
Pidian(s) in der Literatur auftritt. Kleinecke versucht nachzuweisen, daß *Pidians* kein Druckfehler oder eine falsche
Schreibung ist, was ihm anhand einiger Etymologieanalogien
auch glaubhaft gelingt. Seine weiteren Schlußfolgerungen entbehren jedoch der bis dahin eingeschlagenen, klaren Beweis-
führung und sind auf eine Kette von untereinander abhängigen
Vermutungen gestützt, die die Richtigkeit seiner Thesen stark
in Zweifel stellen, wie durch seine hypothetische Diktion ersichtlich wird:

> ... "pidian" is probably a Yayo word meaning *people*.
>
> The colony failed in 1606 ... After this we hear of a
> tribe (not mentioned before) on the middle Oyapock
> called Piriouns; the people, and the name, seem to
> have moved inland. ... the rest of the history of the
> word seems to be straightforward. It must have been
> carried from the West to the East Indies by English
> sailors; ... At the time the word "pidgin" probably
> meant something like *native who is willing to trade*.
> Its history for the next two centuries is undocumented
> but it must have been retained in the China Trade
> Pidgin until it reappeared about 1850. It is possible
> that Wilson intended the word to be pronounced
> 'pigeon'.[6]

---

[5] Kleinecke, 271.

[6] Ebd., 271 f.

Die Vielzahl von Vermutungen, auf die sich Kleinecke stützt,
sind nicht gerade dazu angetan, den Leser zu überzeugen, obwohl die Herleitung auf den ersten Blick hin möglich scheint.
Doch dürfte die Motivation und der umständlich lange Weg, den
der Begriff zurückgelegt haben müßte, ein tragbares Gegenar-
gument sein. Hall mutmaßt, das Wort sei von Südamerika durch
Seeleute, die es dort vielleicht gehört haben, bis zu den
Ausläufern der Themse oder an andere englische Seehäfen ge-
bracht worden, um von da aus wieder in die Ostindischen In-
seln und weiter nach China zu gelangen.[7] Abgesehen davon,
daß die Yayoindianer nicht der erste Stamm waren, mit dem
englische Kolonisten in nähere Berührung kamen, ist nicht
einzusehen, warum der indianische Stammesname aus einem ge-
scheiterten Kolonisationsversuch nahezu um den ganzen Globus
getragen werden mußte, nur um schließlich die Kontaktsprache
zwischen Engländern und Chinesen zu bezeichnen, die doch
viel einfacher mit einem aus der spezifisch chinesisch-englischen Handelssituation erwachsenen Namen benannt werden
konnte. Kleinecke und Hall schreiben dem Begriff *Pidian* die
Bedeutung eines Indianers zu, der Kontakt mit den Weißen
hatte, und identifizieren deswegen das "English used by and
in contacts with the Pidians or Pidgins"[8] mit der Bezeichnung *Pidgin English*. Mit anderen Worten heißt dies, die Engländer charakterisierten ihrer Meinung nach die sprachlichen - oder anderen - Beziehungen zu den Einheimischen
durch die Zusammensetzung der Nationalitätsadjektive. Analog dazu muß jedoch angenommen werden, daß die englischen
Kolonisten in China viel eher von einem chinesischen Englisch als von einem pidianischen Englisch zu sprechen ge-

---

[7] Vgl. *Pidgin and Creole Languages* (Ithaca, 1966), S. 7.

[8] Ebd.

neigt waren, und daß ersteres präzisere kontaktsprachliche
Konnotationen hervorzurufen geeignet war als letzteres. Von
Hall wurde Kleineckes Etymologie wahrscheinlich deshalb über-
nommen, da er keine befriedigende Lösung für den chinesischen
Lauteinfluß auf das englische Substantiv *business* geben konnte:

> It is quite possible that the earliest Chinese
> speakers of Pidgin may have pronounced the word some-
> thing like *bishin*, and the speakers of English may
> have heard, or fancied they heard, some similarity
> between this and the English word *pigeon* - perhaps
> helped along by intentional humour, which often plays
> a role in the early stages of pidginisation.[9]

Wohl wird die Lösung der etymologischen Frage immer mehr oder
minder spekulativ anzugehen sein, doch läßt sich, nimmt man
als Ausgangspunkt das englische Substantiv *business*, ein möglicher Lautwandel aufgrund des chinesischen Substrateinflusses
viel genauer darlegen als dies im Falle des Yayowortes möglich
ist, von dem man nicht einmal die genaue Bedeutungsabgrenzung,
geschweige denn die diachrone Entwicklung kennt. Zudem trifft
man in der - wenn auch äußerst beschränkten - Literatur über
das chinesische Pidginenglisch seit jeher auf den Hinweis,
bei Pidgin handle es sich um eine Korruption des Wortes *business*. Daß nicht eine rein willkürliche, sondern innerhalb
gewisser Näherungswerte nachvollziehbare Lautentwicklung
stattgefunden hat, soll nachstehendes Modell aufzeigen. Im
Laufe der Geschichte der chinesischen Sprache entstanden verschiedene sozial und geographisch orientierte Sprachausprä-
gungen. Eine der wichtigsten war die Mandarinsprache, auch
Kuanhua genannt. Zur Zeit der englisch-chinesischen Kontakt-
aufnahme in der zweiten Hälfte des 17. Jahrhunderts fand sie
weite Verbreitung und wurde von den gebildeten Chinesen bisweilen sogar als *lingua franca* zur Überbrückung ihrer unter-

---

[9] *Hands off Pidgin English!*, S. 30.

einander oft stark divergierenden Dialekte benützt. Indem
für die chinesische Beeinflussung der englischen Aussprache
keinesfalls nur die Mandarinsprache (=Beamtenchinesisch)
von Bedeutung war,[10] soll auch anhand des Nord- und Süd-
chinesischen veranschaulicht werden, daß ein möglicher Einfluß der X-Komponente immerhin noch wahrscheinlicher ist als
die Ableitung aus der Yayosprache:

1. Im Mandarin treten auslautend gewöhnlich Vokal oder
   Nasal auf; um eine Vokaldoppelung zu vermeiden, waren
   gerade die mit dem Mandarin vertrauten Sprecher dazu
   geneigt, das auslautende $/$-s$/$ durch einen Nasal zu er-
   setzen: $/$'biznis$/$ > $/$'biznin$/$.

2. Da sowohl das Nord- als auch Südchinesische keine an-
   lautende Doppelkonsonanz besitzt, wurde die Tendenz zur
   Silbentrennung unterstützt: $/$'biznin$/$ > $/$'biz - nin$/$
   (und nicht: $/$'bi - znin$/$!).

3. Das $/$ n $/$ im Anlaut der zweiten Silbe wurde im Zuge der
   Silbenassimilation omittiert: $/$'biz - nin$/$ > $/$'biz - in$/$,
   wobei neben $/$ b $/$ auch $/$ p $/$ denkbar ist.

4. Das Phonem $/$ z $/$ wurde durch das ebenfalls stimmhafte und
   lautassimilatorisch füglichere $/$ d$_3$ $/$ ersetzt:
   $/$ z $/$ > $/$ d$_3$ $/$, $/$'piz - in$/$ > $/$'pid$_3$ - in$/$.[11]

---

[10] Nimmt man an, daß Pidgin auf die Aussprachekontamination
der chinesischen Substratgesellschaft zurückgeht, so kommen vor allem noch der in Shanghai gesprochene Wu-Dialekt
und der in Kanton gesprochene Kwangtung-Dialekt als Ein-
flußfaktoren in Betracht.

[11] Der Grundgedanke der etymologischen Erklärung ging von
Prof. Scheller, Lehrstuhl für allgemeine Sprachwissen-
schaft an der Universität München, aus; sein Modell
wurde jedoch von mir auf Rückfrage an das Seminar für
Ostasiatische Kultur- und Sprachwissenschaft, Universität
München, etwas abgeändert und erweitert.

- 14 -

Die Zerlegung in die einzelnen Lautungsphasen erhebt keinen
Anspruch auf den tatsächlichen analogen Ablauf, sondern soll
nur im Gegensatz zu Kleineckes Theorie die begründete Annahme
des chinesischen Substrateinflusses unterstreichen. *In praxi*
kann angenommen werden, daß die Entwicklung durch ein kom-
plexes Ineinandergreifen der verschiedenen Schritte stattgefunden hat. Die Kontamination des englischen Substantivs
durch die chinesischen Sprecher ist nicht weiter verwunder-
lich, da es vor dem soziolinguistischen und wirtschaftlichen
Hintergrund in China bereits von Anfang an zu den von beiden
Seiten - Engländern wie Chinesen - meistgebrauchten Kontakt-
wörtern gehört haben dürfte. Gerade bei häufig verwendeten
englischen Begriffen war bisweilen ein stärkerer Wandel zur
chinesischen Aussprache hin zu bemerken als bei Begriffen,
die relativ selten benutzt wurden.

Ein anderer Versuch einer etymologischen Erklärung, die Ableitung vom englischen Substantiv *pigeon*, geht unzweifelhaft
auf eine volksetymologische Erklärung zurück.

Der Vollständigkeit halber seien zwei weitere Ableitungsver-
suche genannt, die aber noch hypothetischeren Charakters als
die Pidian-Derivation sind. So findet man unter anderem die
Rückführung auf das portugiesische Wort *occupação*, dessen
zweite Hälfte zwar eine lautliche Ähnlichkeit zu *Pidgin* aufweist, insgesamt jedoch trotz der Bedeutungsnähe zu dem englischen Grundwort *business* phonetisch zu weit entfernt scheint,
als daß diese Ableitung heute noch ernsthaft vertreten würde.

M. Armstrong erwähnt sogar eine Rückführung auf das Sanskrit,[12]
die aber so unwahrscheinlich ist, daß sie niemals kritisch erörtert wurde.

Schließlich sei ein letzter Erklärungsversuch angeführt, der
deswegen interessant ist, da er zeigt, welch verschiedenartige
Einflußquellen die Wissenschaft in der Pidginforschung für möglich hält. Neben der chinesischen Etymologie bietet H.A. Giles,

---

[12] Vgl. "Pidgin English Assumes a New Dignity", *The China Weekly Review*, 43 (1928), 240.

der Verfasser des Lexikons fernöstlicher Ausdrücke, sogar
eine hebräische Rückbildung an:

> ... ⎣the term pidgin is said to be derived⎦ from
> the Hebrew word meaning ransom or redemption, from
> a ritual observance still found among pious Jews;
> viz., *pidjann* or the redemption of the first-born
> from the priesthood, to which they have been held
> to be specially devoted ever since the act of grace
> by which the first-born of Israel were spared. This
> word passed into the common language, and Jewish
> merchants in Poland may even now be heard to ask
> about the "pidgen," *i.e.* business; and as Polish
> Jews emigrated in large numbers to England it is
> believed that they may have carried this slang
> term with them.13

---

13 *A Glossary of Reference on Subjects Connected with the
Far East* (3rd. ed., Shanghai, 1900), unter "Pidgin".

2. DER SOZIOHISTORISCHE HINTERGRUND FÜR DIE ENTSTEHUNG DES KANTON-ENGLISCH (=CHINESISCHES PIDGINENGLISCH)

Das CPE dürfte das erste Pidgin e n g l i s c h gewesen sein, wenngleich nicht das erste Pidgin s y s t e m zwischen Europäern und Asiaten. Ein kurzer Rückblick in die Kolonisationsgeschichte Chinas zeigt, daß vor den Briten bereits die Portugiesen fast 100 Jahre früher engeren Kontakt zum chinesischen Reich aufgenommen hatten. Sie erschienen 1515 und 1517 zum ersten Mal vor der chinesischen Küste und konnten 1535 in Macao Fuß fassen, wo sie heute noch eine Kolonie unterhalten. Die Portugiesen, denen an guten Handelsbeziehungen zu den Chinesen gelegen war, haben offensichtlich bereits vor den Engländern ein Pidginsystem, das sogenannte chinesische Pidginportugiesisch, entwickelt, auf das heute nur mehr vereinzelte Hinweise zu finden sind:

> William Hunter, an American merchant in Canton from 1825-44, author of some charming reminiscences, says that pidgin must have been invented long before the English came to China, in early Portuguese days, as shown by the number of Portuguese words adopted into it. For example, "mandarin", from *mandar*, to order; "patili", from *padre*, for priest; "joss", from *Deos*, God; "maskee", from *masqué*, never mind; and "junk", the Portuguese pronunciation of the Chinese equivalent. 14

Wie in China bildeten die Portugiesen in vielen ihrer Kolonien pidginportugiesische Verständigungssysteme aus,[15] deren

---

[14] O.M. Green, "Pidgin-English", *The Fortnightly, n. s.*, 136 (1934), 333.

[15] Vgl. J.E. Reineckes Abhandlungen über portugiesische Handelsdialekte in seiner Dissertation über *Marginal Languages* (Yale University, Ph.D. Diss., 1937 /Masch.7), S. 153-240, sowie Reinecke, "Trade Jargons and Creole Dialects as Marginal Languages", *Social Forces*, 17 (1938), 107-118.

verschiedene Modifikationen aber zum Teil nicht überliefert
sind.

Den Portugiesen in Macao folgten die Spanier und Holländer
nach und erst in der zweiten Hälfte des 17. Jahrhunderts gelang es den Engländern, feste Beziehungen zu China anzuknüpfen. Die erste englische Handelsexpedition wird im Jahre
1637 berichtet. Ihr folgten weitere Fahrten nach China 1644,
1673, 1675 und 1681. Die Kontakte wurden immer häufiger und
gegen das Jahr 1682 kann man bereits von einem regulären
Handelsverkehr beider Nationen sprechen. Nachdem zuerst hauptsächlich mit Amoy und Chusan Verbindung aufgenommen worden
war, verlegten sich die Beziehungen ab Mitte des 18. Jahrhunderts vornehmlich auf den Verkehr mit Kanton.

Der Anlaß für die Entstehung eines Pidginsystems besteht in
der Überbrückung der dringlichsten Verständigungsbedürfnisse.
Hat sich ein Pidginidiom dann zu einem beschränkt funktions-
fähigen Medium entwickelt, so kann es, je nach den näheren
Verhältnissen, auch große übergreifende politische, soziale,
wirtschaftliche, kulturelle und psychologische Relevanz für
seine Sprecher gewinnen.

In China bestand von Anfang an eine Besonderheit in der Beziehung zwischen der einheimischen Bevölkerung und den englischen Handelspartnern, die die Ausbildung der Pidginsprache
förderte. Im Gegensatz zu anderen Ländern konnten die Engländer ihre Machtposition nicht sofort ausbauen, sondern mußten
willfährig alle Anordnungen der chinesischen Regierung entge-
gennehmen. An anderen Orten der Welt war dem nicht so. Daher
wurde die Sprache der weißen Kolonialherren meist bald zur
Landessprache erhoben und verdrängte rasch die behelfssprachi-
gen Verständigungssysteme.[16] Demgegenüber war die Haltung der
Chinesen der entscheidende Faktor für das Verharrungsvermögen

---

[16] Eine Ausnahme bildete hier das melanesische Pidginenglisch (MPE).

des CPE. Während sie in der ersten Hälfte des 17. Jahrhunderts zunächst recht gastfreundlich und tolerant zu den rothaarigen Fremden[17] waren, entstand zu Ende des 17. und Anfang des 18. Jahrhunderts eine ausgeprägte Xenophobie, die
sich nicht nur in den wirtschaftlichen Beziehungen auswirkte,
sondern auch in der sprachlichen Verständigung zu Buche
schlug, wie der vorzügliche Bericht eines anonymen Verfassers, wahrscheinlich des großen Sinologen S. Wells Williams,
erläutert:

> The Chinese government has endeavored, since the
> closing of the ports by Kanghe, to restrict the
> intercommunication of natives and foreigners as
> much as is consistent with its existence; and as
> one means of accomplishing this object, it has
> prevented foreigners from learning the Chinese
> language.[18]

Das Verbot an alle Einheimischen, den Ausländern beim Erlernen der chinesischen Sprache behilflich zu sein, gründete
sowohl auf xenophobischen und isolationspolitischen als auch
auf wirtschaftlichen Überlegungen. Während gewöhnlich zu erwarten gewesen wäre, daß zwei fremde Handelspartner die gegenseitigen Beziehungen auch auf eine Verbesserung der Sprach-
kenntnisse ausrichten, drängten die Chinesen auf starken Ab-
stand zu den Briten, ja gewährten sogar nur einer beschränkten Anzahl von Europäern Aufenthalt in ihren Handelsumschlag-
plätzen:

---

[17] In diesem Zusammenhang ist bezeichnend, daß alle Europäer,
besonders die Briten, zunächst 'rothaarige Fremde' genannt
wurden, während man später als 'rothaarige Teufel' von
ihnen sprach.

[18] "Jargon spoken at Canton: how it originated and has grown
into use; mode in which the Chinese learn English; examples
of the language in common use between foreigners and
Chinese", *The Chinese Repository*, 4 (1836), 429.

The English and other foreign merchants were allowed
to live at Canton only during the period of trade,
returning when it was ended to Macao, nor might they
bring their womenfolk with them. They were obliged
to live in a particular block of rented houses, the
Factories. From 1720 on they had to deal only with
a few specified merchants, the "Co-Hong". 19

Diese Einstellung resultierte aus der historisch bedingten,
vorsichtigen Haltung des chinesischen Volkes als auch aus
dem handelspolitischen Argwohn der Regierung, die durch eine
zu eingehende Beschäftigung der Fremden mit der chinesischen
Kultur und Sprache befürchtete, die neuen Geschäftspartner
könnten ihr Wissen zur Übervorteilung der Bevölkerung aus-
nützen. In der Beherrschung der chinesischen Sprache durch
die Engländer sah man die Gefahr einer zu großen Einfluß-
nahme der Fremden. So versuchten die offiziellen Organe auch
die Erstellung eines chinesisch-englischen Lexikons zu unter-
binden, wie man aus Berichten des Lexikographen Dr. Morrison
erkennt: "The assistance of native teachers was only to be
got by stealth, at great personal risk to the teachers themselves".[20] Neben einem ausführlichen zweisprachigen Lexikon
fehlte bis dahin jede Art einer brauchbaren Grammatik oder
eines Lehrbuches. Der Mangel an derartigen sprachlichen Hilfs-
werken und die unbeirrbare Einstellung der chinesischen Regierung waren die entscheidenden Faktoren für die Ausbildung
eines kontaktsprachlichen Hilfssystems. Während in anderen
Ländern Pidgin auf breiter Basis entstand, war die Entwicklung des CPE auf eine kleine Gruppe Privilegierter beschränkt:

---

[19] Reinecke, *Marginal Languages*, S. 773 f.

[20] Erwähnt in H.B. Morse, *The Chronicles of the East India
Company Trading to China 1635-1834*, Bd.IV (Oxford, 1926),
S. 126.

> The oldest living foreign resident in China recollects
> it /CPE/ as the standard means of communication, not
> merely between foreign masters and their domestic
> servants, but between the once fabulously rich members
> of the Congsee or "Thirteen Hongs", who, up to 1859,
> were alone permitted to transact business at Canton with
> "outside barbarians."21

Aus der Fixierung des Handels- und somit auch des Sprachkontaktes auf zwei bestimmte Gruppen ergab sich eine uniforme
Entwicklung des chinesisch-englischen Handelsidioms. Da die
Congsee eine sozial stabile Gruppe mit schichtenspezifisch
homogenem Sprachgebrauch darstellten, konnte das CPE zunächst auf der Grundlage eines phonetisch, grammatisch und
lexikalisch einheitlichen chinesischen Substrates hervorge-
hen. Zudem wurde wegen der immer stärkeren Zentrierung der
Beziehungen auf Kanton[22] die Bildung wesentlich voneinander
abgehobener Regionalmodifikationen des CPE längere Zeit
weitgehend verhindert.[23] Bevor allerdings die ersten Sprach-
kompromisse zur gegenseitigen Verständigung taugten, mußten
die Engländer ihre Geschäfte mittels der wenigen Dolmetscher,
die es damals gab, abwickeln. Den einzigen kompetenten und
ausführlichen Bericht über die Bewältigung der Sprachschwie-
rigkeiten verfaßte der Historiker Morse. Seine ausführliche
Darlegung der damaligen Probleme läßt deutlich die Notwendigkeit eines - und sei es auch nur behelfsmäßigen - Kommunika-
tionsmittels erkennen:

> The first requirement for a supercargo on English
> ships trading to China was a knowledge of Portuguese.

---

[21] N.B. Dennys, "'Pidgin' English", *Journal of the Straits
Branch of the Royal Asiatic Society*, 2 (1878), 168.

[22] Das CPE wurde daher auch *Canton-English* genannt.

[23] Im Gegensatz zu der unterschiedlichen Entwicklung im MPE.

For over a century from 1517, the only European ships
to visit China were Portuguese, and their language
became, to some extent, the lingua franca of the coast.
The Hollanders settled in Taiwan (Formosa) in 1624, and
traded thence to ports in Fukien; they took interpreters
from the Chinese at Batavia who spoke Dutch; and the
French found everywhere friendly missionaries who could
interpret for them. The English, coming first in 1637,
could have no communication with the Chinese except
through an interpreter who knew both Portuguese and
Chinese. This was sometimes an untrustworthy Chinese
who could speak Portuguese; sometimes a low-class
Portuguese who could speak Chinese; more commonly a
half-breed, who had acquired the one tongue from his
father, and the other from his mother. Under these
conditions selling a piece of cloth or buying a bale of
silk required only ordinary business acumen; but the
disentanglement of difficulties, such as befell every
ship, demanded the greatest diplomatic ability in the
supercargoes; and the absence of that ability, and even
of honesty and loyalty, in the interpreters made the
difficulties of the supercargoes almost insurmountable.

From about 1690 the English ships obtained much friendly
advice and help, in their more serious difficulties, from
the French priests ... From about 1715 the Chinese
merchants themselves learned the curious patois known
as 'pidgin English', which thereafter became the lingua
franca of the China trade.[24]

Der Sprachkontakt zu den Portugiesen, die ein engeres und
besseres Verhältnis zu den Chinesen unterhielten, war auch
im 18. Jahrhundert erheblich freundlicher und verbundener
als dies bei den Engländern beobachtet werden konnte. Der
Grund hierfür dürfte nicht in den für einen Chinesen gerin-
geren Schwierigkeiten beim Erlernen des Portugiesischen lie-
gen,[25] sondern er ist vielmehr in der Ausnahmestellung der
Portugiesen in China zu sehen, denen es bis heute gelang,
ohne nennenswertes militärisches Potential in Macao relativ

---

[24] Morse, Bd. I, S. 66 f.

[25] Vgl. Dennys, 170.

gute Beziehungen zum chinesischen Hinterland zu unterhalten.
Durch die stärkere Anerkennung der portugiesischen Niederlas-
sung wurden auch die Sprachprobleme auf natürlicherem Wege be-
hoben: "... the Chinese learn /the Portuguese spoken at Macao7
as they grow up, and those born in that place can converse as
well in one as in the other /language7".[26]

Bei den Engländern, die sich auf keine zweisprachig aufge-
wachsenen Mittelsmänner stützen konnten, dauerte der Prozeß
von den ersten Kontakten bis zur Konventionalisierung der
Behelfssprache an die 50 Jahre. Erst dann hatte sie die Form
angenommen, die man allgemein mit dem CPE verband; Reinecke
gibt sogar eine Jahreszahl als Orientierungspunkt an: "By
1748 this Pidgin had crystallized into the form which, in
essentials, it has worn ever since".[27]

Es ist bemerkenswert, daß während der Entwicklung des Pidgin
die Chinesen größere Bereitschaft zeigten, sich englische
Begriffe anzueignen als die Engländer chinesische, obwohl gerade von chinesischer Seite der reguläre Sprachverkehr stark
unterbunden wurde. Bis zum Opiumkrieg war China die überle-
gene Macht und hätte die Wahl der Verkehrssprache zwischen
den Handelspartnern diktieren können. Doch die chinesische
Sprache wollte man aus den bereits geschilderten Gründen
nicht einsetzen und Englisch war den Einheimischen wegen des
Fehlens von Lehrbüchern, Grammatiken und Lexika ebenso ver-
schlossen wie den Engländern Chinesisch. Hinzu kommt noch ein

---

[26] "Jargon spoken at Canton", 431.

[27] *Marginal Languages*, S. 775.

wichtiger volksmentalistischer Gesichtspunkt: während die
Engländer nicht nur aus kommunikationsmedialem Interesse immer stärker auf eine Beherrschung der Landessprache drängten,
sondern auch, um die Kultur und Eigenart des fremden Volkes
besser kennenzulernen, stellte einer der besten Kenner kultur-
kontaktbedingter Sprachprobleme, der amerikanische Forscher
Dr. Reinecke, für die Einstellung der Chinesen kategorisch
fest: "Foreign culture was not a matter of interest".[28]

Durch das Desinteresse einerseits und das fehlende Lehrma-
terial andererseits wurde die Position der wenigen zweisprachigen Dolmetscher ein entscheidendes Monopol, welches diese
nicht aus der Hand geben wollten. Das erklärt auch, warum
gerade sie, die die besten Lehrmeister in der Unterweisung
des Chinesischen gewesen wären, sich nicht dafür einsetzten,
sondern eher im Gegenteil die Sprachkluft aufrechtzuerhalten
versuchten. Nichtsdestoweniger weiß man von Versuchen, Listen
der am häufigsten gebrauchten Wörter des damals gesprochenen
Minimalenglisch der chinesischen Häfen für den Gebrauch der
Landesbewohner zusammenzustellen. Dem bereits erwähnten anonymen Autor, der in *The Chinese Repository* zwei wissenschaftlich hochqualifizierte Artikel verfaßte, stand im Jahre 1837
noch eine in China gebräuchliche Sammlung englischer und eine
größere Sammlung portugiesischer Wörter zur Verfügung. Das
Besondere an diesen Sprachführern war der Umstand, daß die
englischen bzw. portugiesischen Wörter den chinesischen Ausspracheeigenheiten entsprechend wiedergegeben worden sind.
Für die soziolinguistische Stellung der portugiesischen und
englischen Behelfssprache sind bereits die Titel beider Bänd-

---

[28] Ebd., S. 776.

chen sehr aufschlußreich. Die Sammlung des portugiesischen
Mindestwortschatzes trägt die Überschrift *Gaoumun fan yu tsă
tsze tseuen taou* 'Eine vollständige Sammlung der vermischten
Wörter der Sprache der Ausländer von Macao', wohingegen das
englische Sammelbändchen *Hungmaou mae mae tung yung kwei hwa*
'Die im Handelsverkehr verwendete Sprache der rothaarigen
Teufel' betitelt ist. Nicht nur die Bezeichnung *Ausländer*
bzw. *Teufel* unterscheidet beide Ausgaben, auch ihr Umfang
schwankt beträchtlich. Eine anschauliche Charakteristik des
anonymen Kommentators zeigt die Arbeitsweise der offensichtlich sehr gebräuchlichen Büchlein, die in ihrer Intention
leicht verschieden sind:

> The collection of Portuguese and Chinese words is
> designed for natives residing at Macao and its
> vicinity; and in the compass of thirty-four pages
> contains upwards of 1200 examples. They are arranged
> under sixteen heads; as eatables, social relations,
> natural objects, buying and selling, furniture,
> weights, &c.; and under each division there are found
> words sufficient for the common intercourse of life.
> The examples are placed in columns, and the trans-
> lation is given in Chinese sounds immediately beneath
> each one, but in a smaller type. The same character
> is always employed to represent the same sound. But
> while the sounds of many of the Portuguese words are
> expressed so uncouthly, as they are with the rough
> monosyllables of the Chinese, we do not see how a
> native can use his acquisitions in conversation
> without at the same time he learns the pronunciation
> *viva voce*. For instance

> *Imperador*, emperor, is sounded, *in-pe-la-taw-loo*.
> *Agora*, now, is sounded, *a-ko-lăp*.
> *Gente*, a man, is sounded, *yen-tik*.
> *Casa*, a house, is sounded, *kak-tsze*.
> *Carta*, a letter, is sounded, *keet-ta*.
> *Dentro*, within, is sounded, *teen-too-loo*.

> The majority of the words are, however, represented by
> Chinese sounds close enough for the reader to detect the
> word he has heard in conversation; and also, on the other
> hand, for the student to catch by the ear the phrase he
> previously learned from the book.29

---

[29] Anonymus /wahrscheinlich S. Wells Williams/ "Gaoumun fan
yu tsă tsze tseuen taou, or A Complete Collection of the
Miscellaneous Words Used in the Foreign Language of Macao.
2. Hungmaou mae mae tung yung kwei hwa, or Those Words of
the Devilish Language of the Red-bristled People Commonly
Used in Buying and Selling", *The Chinese Repository*, 6
(1837), 277.

Das englische Gegenstück war erheblich knapper und umfaßte nur
ungefähr 400 lexikalische Einträge. Während das portugiesische
Vokabular auch weitergehenden Ansprüchen genügen sollte, spiegelt die Einengung des englischen Behelfswortschatzes auf die
nötigsten Begriffe des Kaufens und Verkaufens deutlich die beschränkten Beziehungen zwischen Engländern und Chinesen wider.
Charakteristischerweise vermutet der unbekannte Rezensent der
beiden Bändchen von deren Autor, der wahrscheinlich in jedem
Falle derselbe war: "He, however, knew much less of English
than he did of Portuguese".[30] Von dem englischen Sprachhel-
fer, der ausschließlich als Leitfaden für den Handelsverkehr
gedacht war, ist ebenfalls eine längere Passage lexikali-
scher Einträge überliefert. Das Büchlein kann als erste Ver-
öffentlichung des chinesisch-englischen Kontaktidioms gewertet werden. In dem Aufsatz des Anonymus im *Chinese Repository*
wird zwar noch die Existenz von einigen Wortschatzmanuskripten,
welche an die 3 000 Wörter enthalten haben sollen, genannt,
doch beklagt der unbekannte Verfasser, daß sie bis zum Jahre
1837, als er den Artikel schrieb, nicht veröffentlicht worden
waren. Die Beschreibung des englischen Bändchens rechtfertigt
ganz die Bezeichnung der Pidginsprachen als "minimum languages",[31] die auf das chinesische Pidginenglisch weit eher
zutrifft als auf das heute bereits weiter entwickelte MPE:

> The examples are arranged under the four heads, of
> numbers, men and things, words used in conversation,
> and eatables. Some of the phrases are singular for
> the attempt to express a difficult sound; and others
> are curious for the translation given. A few examples
> will suffice:

---

[30] Ebd., 278.

[31] O.Jespersen,*Language, its Nature, Development and Origin*,
12th impr. (London, 1964 [¹1922]), S. 232.

Tael is pronounced *te*.
Jacket is expressed by *tik-ka*.
Alike is expressed by *a-loo-sum*, intended for all
    the same.
To sell is expressed by *say-lum*, or sell'em.
Commonly by *so-so*.
To exchange by *cheen-che*, or change.
To want by *kah-le*, probably derived from the
        Portuguese *querer*.
A clothes-seam devil is expressed by *tay-le-mun*,
        or tailor man.
The devil of the kitchen is a *kok-mun*, or cook.
An account is *kan-ta*, or counter.
A husband is a *hah-sze-mun*.
A wife is *wi-foo*.
A beggar is not inaptly rendered by *kum-sha-mun*,
        or *kum-shaw-man*.
Unclean is *tah-te*, or dirty.
To call is *kah-lum*, or call'em.
The earth is *kaw-lang*, or ground.
Distant is translated by *lang-wi*, or long way.
Please is rendered by *chin-chin*.
To set is *sheet tum*, or sit down.
Great is rendered *kah-lan-te* from the Portuguese
    grande, which is an evidence that the same
        person is author of both works.
Leisure is *hap-teem*, or have time.
Whither is *kwut-yu-ko*, or what you go?
To enter is *ko-yeen-si*, or go inside.
Occupied is *hap-p-chun*, or have pidgeon or business.
Presently come is *tik-lik-ke-kum*, or directly come.
Not understand is *no-sha-pe*, naǒ saber, or not know.
Orange is *loo-lan-che*, like the Portuguese *laranja*.
Gentlemen's sons is translated *meet-che-mun*, or
        midshipman.
These are enough to show why the Chinese speak barbarous
English as they do.[32]

Wohl gab es nach diesen Sammelbüchlein noch einige spätere Ausgaben von Phrasen- und Vokabularheften, doch eigentümlicherweise
waren sie fast ausnahmslos an die einheimische Bevölkerung ge-
richtet, was auch bei den gerade vorgestellten Bändchen schon
aus dem Titel ersichtlich wird. Die mangelnde englische Initiative für Informations- oder Lehrbücher des Pidginenglisch kann
wohl nur aus dem untergeordneten Status, den das CPE bei den
Briten eingenommen hat, erklärt werden. Zudem vermeinten die

---

[32] "Gaoumun fan yu tsǎ tsze tseuen taou", 279.

meisten Engländer, das Pidgin spontan zu verstehen, was sich
jedoch bald als Trugschluß erwies. Das CPE zeigte allmählich
so große Eigenheiten, daß es von englischsprachigen Neuankömmlingen nicht mehr verstanden wurde. Dennoch hatte man
es bis auf den heutigen Tag für unnötig befunden, auch Engländern ernsthafte Pidginhandbücher in nennenswerter Auflage
anzubieten:

> While Chinese may still purchase in Hong Kong manuals
> for speaking pidgin (done entirely through the medium
> of Chinese logograms used to indicate the meaning and
> the pronunciation of pidgin words and phrases), there
> exist only one or two nineteenth-century manuals of
> pidgin directed to English speakers (inevitably they
> also contain comic poems), with sample dialogues which
> seem to indicate that the English-speaker expected to
> have some acquaintance with the dialect was primarily
> the mistress of the household ... 33

Sicherlich hat für den Mangel an entsprechenden Lehrbüchern
auch der Umstand mitgewirkt, daß das CPE ebenso wie jedes andere Pidginenglisch nicht von den Sprechern der Y-Komponente
(=Englisch, analog zur allgemeinen Notation eines Pidginsystems: X-P-Y), sondern denen der X-Komponente (=Chinesisch)
entscheidend geprägt wurde. Denn immer waren es die Einheimischen, die sich der größeren Mühe unterzogen, die Sprache der
Kolonisten soweit zu erfassen, wie es zumindest für eine behelfs-
mäßige Verständigung notwendig war. Daher rührt auch die inten-
sivere Beschäftigung mit dem Pidgin seitens der chinesischen
Sprecher, die sich unter anderem in den an sie gerichteten
Handbüchern äußert.

Die Gründe der ungleichmäßigen Verteilung des Spracheinflusses
der Y- bzw. X-Komponente, die bei allen Arten des Pidginenglisch gleichermaßen festgestellt werden kann, sind bisweilen
recht verschieden. In Melanesien und Australien war vornehmlich die heterogene Sprachlandschaft und die Hybris der Weißen
ein wesentlicher Faktor für die Übergewichtung der englischen

---

33 K. Whinnom, "Linguistic Hybridization and the 'Special
   Case' of Pidgins and Creoles", *Pidginization and
   Creolization of Languages*, hg. D. Hymes (Cambridge, 1971),
   S. 103.

Sprache innerhalb des Pidginsystems. In China hatten solche
Momente nahezu keine Bedeutung, im Gegenteil, dort lag
stolzes Gebaren und Zurückhaltung ganz bei den Einheimischen,
die das Problem der Vielsprachigkeit, wie sie in Melanesien
vorherrscht, nicht kannten.[34] Da die Engländer es waren, die
mit den Chinesen in Kontakt, oder besser, ins Geschäft kommen
wollten, versuchten zunächst sie, ihren chinesischen Handelspartnern Sachverhalte in einfachstem Englisch darzulegen.
Diese nahmen viele Grundbegriffe und manchmal auch grammatische Eigenheiten auf, paßten sie ihren Aussprachegepflogen-
heiten an und stellten sie teilweise nach chinesischem Sprachgebrauch zu einfachen Aussagen neu zusammen. Selbstverständlich ging der Vorgang der Hybridisierung nicht immer so einfach vonstatten.

Mit der Zeit wurde das Handelsidiom durch den chinesischen
Formationseinfluß zu einem Verständigungsmittel, das alle Ausländer und selbst die Engländer von den chinesischen Sprechern zu lernen hatten, wollten sie es, soweit das überhaupt
möglich war, einwandfrei beherrschen. Oft hört man, daß gerade
die Briten immer wieder glaubten, sich in gebrochenem Englisch ebensogut mit den pidginsprachigen Einheimischen ver-
ständigen zu können, was sie nach einigen Versuchen stets als
Trugschluß erkennen mußten. Wie die Chinesen *in praxi* zu einer
ersten Kenntnis des Verkehrsidioms gelangten, berichtet der
erwähnte Anonymus:

> English then being the common language in use between
> natives and foreigners, it may be worth while to
> consider the mode in which the former acquire it, and
> how they make out to speak an idiom so diverse from
> their own. There are no schools, nor anything worthy
> of that name, among the Chinese for the acquisition
> of English. Persons who go by the name of 'school-
> masters' are, however, employed to instruct beginners
> in the ships and hongs. But the scholars escape from
> their tutelage as soon as they have acquired sufficient
> English to communicate the common ideas, as the prices

---

[34] Vgl. A. Bauer, *Das melanesische und chinesische Pidgin-
english: Linguistische Kriterien und Probleme* (Regensburg,
1974).

of goods, names of furniture, &c. The number of
these schoolmasters is not great; one of them
was at school at Cornwall in America two years,
and speaks as correct English as any Chinese in
Canton. Instruction by such persons is, however,
beyond the reach of most, and those who wish to
converse with foreigners are compelled to pick up
the words as they can find opportunity. This they
do by staying in hongs, shops, and other places
where foreigners resort, and are soon able to
express their ideas in the jargon called *Canton-
English*. This dialect has become, by long usage,
established in its idioms, etymology, and the
definitions attached to words. As its name indi-
cates, Canton is the proper place for its exhibi-
tion, where it is spoken in its greatest purity.
At Whampoa, the Chinese speak better English than
at Canton, which is owing to their usually hearing
idiomatic English from those on board the ships.35

Die Initiative zur Entwicklung des Verkehrsidioms wurde
großenteils von chinesischer Seite aus wahrgenommen. Zugleich aber fanden es die Chinesen über zweihundert Jahre
lang gänzlich ausreichend, die nötigsten Sachverhalte des
Geschäftsverkehrs *via* Pidgin mit den fremden Barbaren zu
regeln, denen sie bis zum Opiumkrieg mehr Zurückhaltung,
ja sogar Verachtung entgegenbrachten als anderen asiati-
schen Völkern.

Je stärker sich das CPE unter den im Chinahandel engagier-
ten Briten ausbreitete, umso weniger sahen besonders die
Kaufleute eine Veranlassung, die chinesische Sprache zu erlernen, die als sehr schwer für einen Europäer galt.[36] Hinzu kommt, daß die Struktur und Arbeitsweise der chinesischen
Sprache weitgehend falsch beurteilt wurde, was auf europäischer Seite einen gewissen Vorbehalt gegen das Chinesische hervorrief, der seiner Anerkennung als einer vollen Sprache nicht gerade dienlich war, wie ein Bericht über Bau und

---

[35] "Jargon spoken at Canton", 431 f.

[36] Demgegenüber war natürlich die ernsthafte wissenschaftli-
che Forschung weiterhin sehr am Studium des Chinesischen
interessiert, mußte aber mit den bereits geschilderten
Schwierigkeiten kämpfen.

Niveau des fremden Sprachsystems erkennen läßt:

> ... /es/ ist also von Wortbildung im weitesten Sinne,
> von Deklination, Konjugation sc. keine Rede, die
> einfache unveränderliche Wurzel kann als jede Wort-
> art, als jeder Kasus und als jede Tempus- und Modus-
> form erscheinen.
> Demnach ist das Chinesische mit seinem unbehol-
> fenen Ausdruck nicht unähnlich der Sprechweise
> von Kindern oder von in der Bildung zurückgeblie-
> benen Personen. Man vermißt die Entwicklung und
> Umgestaltung des Stammwortes, durch welche die
> Sprache erst organisches Leben erhält, ein "Stamm"
> wird, der lustig sproßt. Sodann fehlt die Mannig-
> faltigkeit des Lautwandels und der Lautansätze, der
> erst hierdurch hervorgerufene bunte Wechsel. Das
> Chinesische ist kein weiter, duftender, in abwechs-
> lungsreichen Farben schillernder Sprachgarten,
> sondern ein steifes, langgestrecktes, mit unent-
> wickelt aussehenden Sprachformen vollgepfropftes
> Treibhaus.37

Die Wertung des Chinesischen in diesem und ähnlichen Berichten der damaligen Zeit geht vom klassischen Vorbild der indo-
europäisch-synthetischen Sprachkonzeption aus und kann folg-
lich nur zu einer verfehlten Einordnung führen. Doch zeigt
der Artikel auch die Voreingenommenheit des Europäers, welche
noch bestand, als die wichtigsten Wesenszüge des Chinesischen
schon der abendländischen Wissenschaft bekannt geworden waren.

Die Ostindische Kompanie war lange Zeit der einzige Initiator,
der ernsthafte Anstrengungen zur Erforschung des Chinesischen
unterstützte. Die Handelsgesellschaft erkannte die ungünstige
Lage für ihre Kaufleute und Agenten und wollte nicht länger
auf die Gnade und Zuverlässigkeit der zweisprachigen Chinesen
oder Mischlinge angewiesen sein. Sie bot daher demjenigen ihre
Hilfe an, der die Sprache, Sitten und Gesetze Chinas studieren
wollte. Der Erfolg war aber äußerst gering:

---

[37] G. Kreyenberg, "Das Pidgin-Englisch, eine neue Weltsprache", *Preussische Jahrbücher*, 53 (1884), 588.

... from 1793 to 1802 "Sir G.T. Staunton was the
only servant of the company having any knowledge
of the Chinese language, laws, or customs; and
after his departure" the merchants were left un-
provided and at the mercy of the Chinese "linguists".[38]

Der einzig erfolgreiche Forscher, der in enger Verbindung
zur Ostindischen Kompanie stand, war der erwähnte Lexiko-
graph Dr. Morrison. Daß trotz der regen Handelsbeziehungen
zwischen beiden Nationen der Verkehr ohne genauere Kenntnis
der Sprache des anderen wirksam abgewickelt werden konnte,
mag von der Bewährung des ganz auf das kommerzielle Register
ausgerichteten CPE zeugen. Selbst bis zum Jahre 1825 hatte
sich nicht viel an diesem Zustand geändert, den W.C. Hunter,
ein amerikanischer Beobachter, nüchtern kommentiert: "For
years after my arrival but three foreign residents were
Chinese scholars -- namely, Doctor Morrison; the present Sir
John Francis Davis ... and one American, myself".[39] Das Interesse an gründlichen Kenntnissen der Sprache des Geschäfts-
partners blieb weiterhin auf beiden Seiten in ziemlich engen
Schranken. Wenn auch nach der Überbrückung der Verständigungsschwierigkeiten durch das CPE eine erhöhte Beschäftigung mit
der englischen Sprache seitens der geschäftstüchtigen Chinesen hätte erwartet werden können, so traf eher das Gegenteil
zu. Das CPE wurde von den Einheimischen bald mit d e m
Englischen identifiziert, und die Folge war eine allgemeine
Verachtung für die Sprache der Fremden und deren geistiges
Niveau. So zitiert H. Kindt aus dem Brief eines leider anonym
gebliebenen, "in China seit längeren Jahren ansässige/n/,
junge/n/ deutsche/n/ Gelehrte/n/, der eine hervorragende Stellung dort einnimmt":

---

[38] Reinecke, *Marginal Languages*, S. 777.

[39] *The 'Fan Kwae' at Canton before Treaty Days 1825-1844.
By an Old Resident* (London, 1882), S. 60.

> *Pidgin* ist den Fremden überhaupt nachtheilig, denn die
> Chinesen bilden sich oft ein, daß sie E n g l i s c h
> sprechen, und was muß das für eine Sprache sein, die
> jeder Kuli so leicht erlernen kann! denken die g e b i l -
> d e t e n Chinesen. Außerdem sind die Mißverständnisse
> zahllos, die daraus entspringen, daß man sich Chinesen
> als Dolmetscher anvertraut, die einige hundert englische
> Wörter aufgelesen haben. 40

Insgesamt gesehen war die Situation des Sprachkontaktes keinesfalls so stark mit dem Akkulturationsprozeß verwoben wie
in Melanesien. Es bedurfte erst eines Beweises der militärischen Macht des damaligen britischen Weltreiches, um die Grenzen des bis dahin sehr zurückhaltenden China zu öffnen. Mit
der Erschließung der Häfen änderte sich allmählich auch das
Bild der gegenseitigen Beziehungen, das einer der ersten
kompetenten Pidginologen im Zuge einer kurzen Darstellung der
sprachlichen Verhältnisse beschreibt:

> Hundreds of Chinese now acquire enough of the jargon
> spoken to do business, while hardly a foreigner ever
> devotes an hour to learn the language of the Chinese.
> The effect of an intercourse so circumscribed can
> never be otherwise than to keep the two parties
> totally separated from each other in all those
> offices of kindness, sympathy, regard, and friend-
> ship, which result from a knowledge of each other's
> feelings and wants. Coldness and distrust will be
> entertained, and selfishness will be the primum
> mobile of action, softened down a little by that
> politeness which is almost necessary in any society,
> however formal and heartless it may be. That much
> of the indifference and suspicion of the Chinese
> exhibited towards foreigners, and still more of
> our ignorance of their designs, ideas, and springs
> of action in regard to us, are owing to our general
> inability to converse with them in their own tongue,
> no one who has examined the state of the case can
> for a moment doubt. 41

---

40 "Neuerfundene Sprachen, Pigeon-English",
Die Gegenwart, 10 (1876), 202.

41 "Jargon spoken at Canton", 429.

3. DIE ENTWICKLUNG DER SOZIOLINGUISTISCHEN BEZIEHUNGEN
   ZWISCHEN ENGLISCHSPRACHIGEN UND EINHEIMISCHEN SPRECHERN
   NACH 1842

Bis zum Ausbruch des Opiumkrieges (1840-42) zwischen Groß-
britannien und China führte das chinesische Reich trotz aller Handelsbeziehungen zu europäischen Staaten, vorwiegend
zu Portugal, Spanien und England, ein Eigendasein von hoher
Kultur, aber wirtschaftlich-technologischer Rückständigkeit.
Die Geschichte des Landes wuchs erst seit der Mitte des
19. Jahrhunderts in die der Alten und Neuen Welt hinein.

In den europäischen Staaten entwickelte sich anfangs des
19. Jahrhunderts die imperialistische Politik zu ihrem Höhe-
punkt. Grundlage des modernen Imperialismus war der gewaltige
Ausbau des militärischen und technologischen Potentials.
Außerdem nahmen die Bevölkerungszahlen erheblich zu und der
rationale Gedanke drängte nach außenpolitischer Machterwei-
terung. Die Regionen der Alten Welt waren bereits zur Gänze
aufgeteilt und die durch die Industrialisierung hervorgeru-
fene neue wirtschaftliche Situation Europas und vor allem
Englands[42] verlangte größere Absatzmärkte und ergiebigere
Räume zur Rohstoffgewinnung. Um diesen Bedürfnissen zu genügen, dehnten sich die englischen Interessen immer stärker bis
in asiatische Breiten aus. China und auch Japan verhießen
mit ihrer großen Bevölkerung und geographischen Ausdehnung
den Industrienationen vielversprechende Konsummärkte. Da das
chinesische Reich jedoch eine äußerst zurückhaltende Politik

---

[42] In England nahm die Industrialisierung ihren Anfang.

gezeigt hatte und für die Zukunft keine grundlegende Änderung
seiner Isolationshaltung zu erwarten war, versuchte Groß-
britannien China auf militärischem Weg zu einer allgemeinen
Öffnung seiner Grenzen und Häfen zu zwingen.[43] Eine ähnliche
Situation herrschte in Japan vor. Doch während das japanische
Reich schon seit 1868 europäische Zivilisation annahm, den Ab-
solutismus einführte und selbst eine imperialistische Groß-
machtstellung anstrebte, wahrte China auch nach dem Opiumkrieg noch lange Zeit seine Sonderart. Unmittelbar veranlaßt
wurde dieser durch das chinesische Verbot der Opiumeinfuhr.
Als 2 000 Kisten Opium daraufhin vernichtet wurden, beschloß
England den Krieg, wobei das Fernziel die gesamte Erschließung
Chinas als Absatzmarkt und Rohstofflieferant war. Nachdem die
englischen Streitkräfte die chinesische Regierung durch ihre
starke Seemacht nachhaltig beeindrucken konnten, wurde am
29.8.1842 der Friedensvertrag zu Nanking geschlossen. China
mußte forthin die Opiumeinfuhr dulden, die sogenannten Vertragshäfen Kanton, Amoy, Futschou, Ningpo und Shanghai für
den Aufenthalt der englischen Handelspartner öffnen und Hongkong als britischen Stützpunkt an England abtreten.

Unter diesen Umständen ist es verständlich, daß der Bedarf
nach einem Verkehrsidiom immer dringender wurde. Wie zu erwarten ist, erfuhr das bis dahin nur an einigen wenigen Be-
rührungspunkten gebräuchliche CPE eine ziemlich große Ausdehnung. Da mit dem Vertrag von Nanking nicht nur ein wirtschaft-
licher Ausbau, sondern auch ein Wandel der sozialen Beziehungen der Kontaktgruppen beider Völker verbunden war, konnte eine
soziolinguistische Funktionsweitung des CPE beobachtet werden.
Bis 1842 wurde es hauptsächlich von englischen und chinesischen
Geschäftsleuten zum Zwecke der gegenseitigen Verständigung bei

---

[43] Einige Jahre später gelang es den U.S.A., die Japaner
unter dem Druck ihrer Flotte zur Öffnung der Häfen (1854)
zu bewegen.

Handelsabschlüssen gebraucht und war merklich stark von
portugiesischen Elementen durchsetzt. Die Portugiesen hatten ihre Kontakte zu den Chinesen nach und nach auf Macao
beschränkt, hinterließen bei ihrem Rückzug aber überall
die Spuren des frühen chinesischen Pidginportugiesisch.
Die Entwicklung in Kanton mag dafür ein Beispiel sein:

> /Canton wa s̲7 first visited by the British in 1637,
> but not formally opened to trade until 1842, under
> the Treaty of Nanking. The Portuguese had arrived
> a century earlier (1517); they were followed by the
> Dutch, but by the end of the 17th century the Trade
> was almost entirely in the hands of British mer-
> chants.44

Die Engländer konnten sich durch den Frieden von Nanking in
großer Zahl an der chinesischen Küste niederlassen. Da sie
häufig für längere Zeit ansässig wurden, beschäftigten sie
in der Regel chinesische Hausangestellte, mit denen das Pidgin zum regulären Verständigungsmittel wurde.

Auf viele der englischen Neuankömmlinge, die erwartungsgemäß
in der zweiten Hälfte des 19. Jahrhunderts in den chinesischen Vertragshäfen eintrafen, wirkte das CPE zunächst ab-
schreckend. Man erfährt sogar, daß manche immer wieder den
Versuch machten, ein besseres Englisch zu den Einheimischen
zu sprechen. Die Briten trachteten nun zum ersten Mal danach,
den Chinesen eine gezielte Sprachhilfe für das Studium des
Englischen zu bieten, über deren Erfolg in einem Bericht aus
dem Jahre 1857 vermerkt ist:

> When the foreign merchants and supercargoes (formerly
> resident at Canton, and accustomed to this medium of
> conversation) moved up to Ningpo, Shanghai, &c., where
> the natives are able to pronounce our language more
> accurately than the Cantonese, it does not appear
> that they took any specific pains to introduce a
> reformed vocabulary. But, a very praiseworthy attempt

---

44 Giles, unter "Canton".

> in this direction was made by the first appointed
> consul at Ningpo (the late Robert Thom, ... a
> thorough Chinese scholar); who, as soon as he
> entered upon his consular duties, tried to mend
> the mischief, and published a cheap work -- a
> help to Chinese students of the English language.
> At first the innovation introduced by **Mr**. Thom
> bade fair to be successful among the northern
> youths in assisting them to pronounce and speak
> good English. But, presently, as the trade in
> the north rose in importance and quantity, there
> was such an influx of boys, compradores, and mer-
> chants from the south -- already versed in, and
> proud of, this Canton-English -- that the tide of
> improvement was turned.45

Hätte sich das CPE stärker an das Englische angenähert, so
wäre zweifellos einer seiner wesentlichen Vorteile, die rasche Erlernbarkeit, verloren gegangen. Das chinesische Pidgin, welches über einen Wortschatz von ungefähr 700 Wörtern
verfügte, dürfte noch erheblich schneller und leichter gelernt worden sein als dies bei seinem melanesischen Gegenstück, welches gerade in letzter Zeit wortschatzmäßig beträchtlich zugenommen hat, der Fall ist. Andererseits war
gerade die durch den einfachen Bau des Pidgin bewirkte Ver-
ständigungsbeschränkung ein entscheidender Nachteil. Darin
und in seinem niederen Status darf auch der Grund zu sehen sein,
daß sich der Gebrauch der Verkehrssprache im Laufe der Zeit auf
andere Sprechergruppen verlagerte.

Nach der Öffnung der Vertragshäfen, denen später andere
folgten, wurden die Bedingungen zur Erforschung der chinesischen Sprache weitgehend verbessert. Sehr aufschlußreich
ist der Brief des erwähnten deutschen Chinafachmannes, in
dem berichtet wird, wie die Engländer das schwierige Spra-
chenproblem in der zweiten Hälfte des 19. Jahrhunderts
meisterten:

---

45 /Anonymus_7, "Canton-English", *Household Words*, 15
(1857), 452.

... immer mehr Fremde erlernen jetzt Chinesisch und
können deshalb das fast von allen verabscheute *Pidgin* entbehren. Die Beamten der Consulate, der Zoll-
verwaltung, die Missionäre, alle sprechen Chinesisch,
und selbst die Kaufleute fangen an, einige Kenntnis
der Sprache des Landes als ein Bedürfnis zu erkennen
und wissen, daß irgendwelchen chinesischen Dialekt
s p r e c h e n zu lernen nicht schwer ist. Die ganz
China gemeinsame, wirklich schwere Schriftsprache,
läßt man dabei bei Seite.46

Ganz so einfach, wie es dem Gelehrten schien, war jedoch
der Erwerb eines chinesischen Dialektes, wollte man sich
darin zufriedenstellend ausdrücken, für viele englischsprachige Ansässige in China nicht, selbst wenn nur die gesprochene Seite berücksichtigt wurde. Dies bestätigt am besten
das weitere Verharren des CPE als Handels- und Verkehrsidiom.

In Melanesien ist für das Perseverationsvermögen des Pidgin
sein Einsatz und seine Bewährung als *lingua franca* unter den
verschiedenen Eingeborenensprachen verantwortlich. Auch in
China war die *lingua franca*-Funktion nicht ganz von der Hand
zu weisen, doch gelten hierbei völlig andere Voraussetzungen.
Die Frage nach der Standkraft des CPE wurde besonders im 19.
Jahrhundert von der Forschung überbewertet und rief viele
widersprüchliche Meinungen hervor. Der oben zitierte Gelehrte
kommentiert die Situation wie folgt:

Es kommt wohl einmal vor, daß zwei Chinesen (*boys*,
Bedienstete) sich begegnen, welche sich nicht verstehen und sich dann mit *Pidgin* behelfen, aber dieser
scheußliche Jargon ist ganz gewiß nicht bestimmt "to
establish itself permanently as a means of communication even between the natives who speak mutually
unintelligible dialects", wie Mr. Simpson schreibt.
Es ist dies weiter nichts als eine hingeworfene *globe-
trotter-*(Erdkugelbummler!) Bemerkung, die mit dem Unsinn des Hildebrandt'schen Buches auf einer Stufe
steht.47

---

46 Aufgezeichnet in Kindt, 202.

47 Ebd.

Leider ging die Diskussion um die Funktion des CPE selten
auf eine sachliche Begründung der aufgestellten Behauptun-
gen ein, sondern wurde sehr emotionell und rechthaberisch
geführt. Ganz so abwegig, wie in dem Zitat geschildert, war
die Notwendigkeit einer interchinesischen *lingua franca*.
nicht. Bekanntlich teilte sich die chinesische Sprache im
19. Jahrhundert (und großenteils heute noch) in viele Dialekte auf, deren Aussprache bisweilen sehr stark diver-
gierte. Während die gebildeten Schichten in einer Art Hoch-
chinesisch überall im Lande verstanden wurden, waren die
proletarischen und ländlichen Bevölkerungskreise auf ihren
Dialekt festgelegt. Obwohl die chinesische Sprache natürlich prinzipiell als e i n Sprachsystem anzusehen ist,
traten in der gegenseitigen Verständigung von Angehörigen
verschiedener Dialektgruppen solche Schwierigkeiten auf,
daß sogar von der Ausbildung eines innerchinesischen Pidginsystems berichtet wird:

> There was also, singularly enough, a native Chinese
> dialect in process of formation, which was to the
> colloquial of the district in which it existed what
> "pidgin" is to pure English. One effect of the
> Taiping rebellion, which caused an influx of natives
> from the districts of Central China to Shanghai,
> was to cause the formation of a fused dialect,
> consisting of words indifferently taken from those
> spoken at Shanghai, Canton, and Nanking. No great growth
> of the speech has been noticeable since the rebellion
> was crushed; but it bade fair at one time to contribute
> another to the already numerous varieties spoken in
> different parts of the empire.48

Mag auch der Vergleich mit dem CPE ein wenig übertrieben an-
muten, so zeigt das Beispiel doch die Verständigungsschwierigkeiten innerhalb der chinesischen Sprachvarianten. Die Einsatz-

---

48 Dennys, 169.

möglichkeit des Pidgin als *lingua franca* kann also nicht
grundsätzlich abgelehnt werden. Will man jedoch ihre Bedeutung richtig einschätzen, so ist es zunächst nötig, die Zahl
pidginsprachiger Chinesen zu bestimmen. In der Mitte des 19.
Jahrhunderts wurde das Verkehrsidiom von allen Chinesen gesprochen, die in engem Kontakt zu Europäern, insbesondere
Briten, standen. In Kindts Bericht wird ihre Zahl auf ungefähr 4 000 geschätzt.[49] Tatsächlich aber dürfte sie um einiges größer gewesen sein, bedenkt man, daß die anfänglich
fünf offenen Häfen bald auf vierzehn erweitert wurden und
daß in der englischen Kronkolonie Hongkong die Mehrheit der
Bediensteten oder kommerziell tätigen Chinesen mehr oder
minder stark mit dem CPE konfrontiert wurde. Trotzdem war
die Zahl der Sprecher und die Funktionsfähigkeit des Verkehrsidioms zu gering, als daß es über die Regionen hinweg,
in denen die Fremden ansässig waren, erfolgreich als interchinesische *lingua franca* in Kraft treten konnte. In den Kon-
taktgebieten jedoch blühte das Pidgin und viele Engländer,
die sich in einem ersten Enthusiasmus der Mühe unterziehen
wollten, einen chinesischen Dialekt einwandfrei zu erlernen,
kamen nicht über ein P i d g i n c h i n e s i s c h
hinaus, das Giles als Umkehrung des Pidginenglisch definiert:
"The Chinese spoken by foreigners who have not the gift of
tongues, and persist in arranging their sentences according
to the idiom of their native land".[50]

---

[49] Vgl. Kindts Artikel, 202, wo der Autor einmal von einigen
tausend und dann in Hinsicht auf die Diener der Fremden
von 4 000 Sprechern berichtet.

[50] *A Glossary of Far East*, unter "Pidgin Chinese".
Giles berichtet in seinem Glossar auch von einer japanischen Entsprechung zum Pidginchinesisch, dem "Pidgin-Jap-
anese", das er folgendermaßen schildert: "A species of
hybrid, ungrammatical Japanese, spoken by foreigners who
do not learn the language accurately; *e. g. Omi taksan
pompom bobbery, watarksi pumguts:* 'If you continue to make
so much noise in hammering those nails into that wall, I
shall be reluctantly compelled to correct you by the ad-
ministration of severe corporal chastisement'. Here *pompom
bobbery* = the noise made by hammering nails into a wall".

Für die meisten Engländer war es natürlich einfacher, auf das
CPE auszuweichen, als ein unter Umständen noch beschränkteres
Pidginchinesisch zu sprechen. Zugleich wurde die englische
Behelfssprache von allen anderen Europäern und Amerikanern
gebraucht. Wenn sie des Englischen mächtig waren, erwies es
sich für sie weitaus leichter, einige Grundbegriffe des CPE
zu lernen, als einen chinesischen Dialekt zu beherrschen.

Manche der Sprecher hatten mit den Einheimischen nur vorüber-
gehend Berührung, so daß Zeitaufwand und Mühe für ein längeres
Sprachstudium nicht gelohnt hätten. Alle wichtigen Handels-
verträge, offiziellen Verlautbarungen, Korrespondenzen, Ver-
waltungsmaßnahmen, Gerichtsprotokolle, schriftlichen Vereinba-
rungen und Informationen konnten in der zweiten Hälfte des
19. Jahrhunderts bereits in einer einwandfreien zweisprachigen
Übersetzung verfaßt werden. Während das Pidgin für diese Sek-
toren nicht in Erwägung gezogen wurde, verdankt es seine weitere Ausbreitung einer neuen Sprechergruppe, hinsichtlich der
ein amerikanischer Beobachter 1878 die Aussichten für die
nächsten Jahrzehnte positiv beurteilen konnte:

> It does not appear that pidgin English will die out.
> Numbers of Chinese, indeed, thanks to emigration to
> the United States, and the increased facilities
> available in the British Government schools at
> Hongkong, now learn to talk English with fluency
> and correctness; and the number of foreigners who
> acquire one or other of the Chinese dialects is
> increasing, the latest estimate, counting all
> nationalities, being somewhat over five hundred.
> But there is always a large fluctuating population
> of foreign soldiers, sailors, and visitors, to whom
> the acquisition of Chinese would involve a toil
> quite disproportioned to its use. To these a means
> of communication with the natives, based on a
> European vocabulary, is too serviceable to be
> dispensed with, and for them pidgin English will
> hold its ground. So far from dying out, it seems
> rather probable that in the course of years it will
> take rank as a dialect beside the *lingua franca* of
> the Mediteranean Sea.51

---

51 Dennys, 173 f.

Die starke Ausdehnung vollzog sich nur auf gesprochener
Ebene. Schriftliche Dokumente sind sehr selten und Buchma-
terial steht im Gegensatz zum MPE nicht zur Verfügung.[52]
Zwar überlegte man zur Blütezeit des CPE, ob es nicht sinn-
voll sei, die Bibel zu übersetzen, doch konnte das Unterfangen nicht mit demselben Erfolg wie in Melanesien durchge-
führt werden. Die christliche Chinamission ging nach anfäng-
lichem sporadischen Einsatz des Pidgin[53] als Missionsidiom
zur Unterweisung der einheimischen Bevölkerung in der chinesischen Sprache über. Es ist bezeichnend, daß auch die ersten
wissenschaftlichen Forschungsarbeiten unter missionarischem
Vorzeichen standen, z. B. Dr. Morrisons Studien.

Trotz der lokalisierbaren Ausdehnung des CPE wurde die Gesamtsituation um den sprachlichen Einsatz oft falsch einge-
schätzt. So versuchte ein deutscher Autor sogar, die Recht-
fertigung für die Entwicklung zu einer neuen Weltsprache zu
geben. Die "praktische Verwendbarkeit" und "faktische Verwendung" lassen ihn "nicht ganz zu Unrecht von eine/r̲/ Art neuer
Weltsprache"[54] sprechen. Zweifellos hat er dabei die Verhältnisse in China falsch beurteilt, doch zeigt sein Aufsatz auch,
wie sehr das CPE in den chinesisch-englischen Kontaktzonen
verbreitet war. Im Verhältnis zur Zahl der Einwohner wurde es
aber wohl von weniger als einem Prozent gesprochen, eine Rela-
tion, die schon den Gebrauch als interchinesische *lingua franca*
in Schranken wies.

Gegen Ende des 19. Jahrhunderts ging die Verwendung des Behelfs-
idioms allmählich zurück. Hauptsächlich wurde es noch zwischen
dem chinesischen Hauspersonal sowie kleineren Geschäftsleuten

---

[52] Zur Bewertung der einzigen Veröffentlichungen i n CPE
vgl. S. 98 ff.
[53] Vgl. dazu W. Simpson, "China's Future Place in Philology",
Macmillan's Magazine, 29 (1873), 46 f., wo der Autor von
einem "missionary 'pigeon'" spricht.
[54] Kreyenberg, 597.

und Ausländern gesprochen. Vor allem englischsprachige Reisende benützten häufig einige Phrasen zur improvisatorischen Verständigung.

Die alte abweisende und voreingenommene Haltung gegen die fremden, rothaarigen Teufel wich im Laufe der Zeit einer aufgeklärten und geschäftsbeflissenen Einstellung. Mit den fortwährend umfassender werdenden wirtschaftlichen Beziehungen wurde die Notwendigkeit der Kenntnis einer europäischen Sprache, vor allem des Englischen, anerkannt, und die Einheimischen hatten verschiedene Möglichkeiten, diese zu erlernen:

> Facilities for learning standard English were vastly increased -- schools; manuals of "English self-taught" on the model of the old manuals of Pidgin, but devoted to the standard language; the presence of a much greater number of foreigners from whom one could learn colloquial English.[55]

Mit dem Vordringen des Englischen wurde das CPE auf eine Sprechergruppe festgelegt, die entweder keine Möglichkeit hatte, Englisch bzw. Chinesisch zu lernen, oder aufgrund ihrer schulischen und geistigen Voraussetzungen nicht in der Lage war, sich den neuen Verhältnissen rasch genug anzupassen.

Während im 19. Jahrhundert des CPE häufig im Rahmen seiner sprachlichen Tauglichkeit entweder positiv oder negativ beurteilt wurde, rückt im 20. Jahrhundert bei der recht geringen Anzahl von Arbeiten über das Verkehrsidiom die sozial- und statusbezogene Kritik in den Vordergrund. Nicht nur von europäischer Seite wurde der Wert des Pidginenglisch - oft zu Unrecht - angeprangert, auch unter den chinesischen Sprechern entwickelte sich eine differenziertere Haltung zum Stellenwert des CPE innerhalb des eigenen Gesellschaftssystems.[56]

---

[55] Reinecke, *Marginal Languages*, S. 785.

[56] Vgl. hierzu Hall, *Pidgin and Creole Languages*, S. 9

Wie bei seinem melanesischen Gegenstück kann die Bewertung
nach ästhetischen, sozialen und sprachlichen Gesichtspunkten
vorgenommen werden. Insofern die älteren Kritiker häufig von
Shakespeares Englisch als Vorbild ausgingen,[57] mußten sie
den ersten Aspekt notgedrungen als indiskutabel empfinden.
Was die soziolinguistische Seite anbelangt, so betrachtete
man das CPE bestenfalls als Phänomen, versuchte aber nicht,
auf die komplexen Hintergründe um die Motivation der *lingua
franca* näher einzugehen. Wegen des beschränkten Materials
herrschte über den sprachlichen Bau des CPE häufig Unklar-
heit und manche Kritiken gingen nachweisbar von falschen
Grundlagen aus.[58]

Die sprachliche Struktur des CPE galt in überwiegendem Maße
als willkürliches Zufallsprodukt ohne innere Gesetzmäßigkei-
ten und der Bewertungsmaßstab war die klassische Grammatik.
Da unter diesen Umständen die stiefmütterliche und abwertende
Behandlung der *in praxi* so wichtigen *lingua franca* nicht verwundert, soll abschließend einer der wenigen Fürsprecher der
Behelfssprache zu Worte kommen:

> Must we really agree with the sinologues that a
> language capable of so much picturesqueness and
> vigour will "happily" vanish? For my part, pidgin-
> English is certainly one of the many things to
> which should be applied Lord Melbourne's maxim,
> "Why can't you let it alone?" And this, not least,
> because it speaks so essentially of the kind and
> happy past, before the wretched, niggling dis-
> agreements of recent years had arisen, and before
> the Chinese had been taught by the Russians to
> see an "Imperialist aggression" in every act of
> the foreigner - when, in Fact, the two communi-
> ties lived very happily side by side, not mingling
> much, perhaps, but, where they came in contact, able
> to do so with mutual respect and friendliness. In
> some indefinable way one associates pidgin-English

---

[57] Vgl. E.E. Morris, *Austral English* (London, 1898), S. 245.

[58] Vgl. die Schwächen in Kreyenbergs Feststellungen auf
S. 30.

with all that is most endearing in the Chinese nature:
their love of mirth, good-fellowship and readiness to
live and let live. ...
There is no more lovable being on earth than a Chinese,
and somehow he is never so lovable as when talking
pidgin-English.[59]

---

[59] Green, 340.

4. DER STATUSWANDEL DES CPE

Im 18. Jahrhundert wurde das CPE wegen der gegenseitigen
Distanzhaltung als notwendiges Kommunikationsmedium anerkannt. Doch schon zu dieser Zeit diente es den chinesischen
Sprechern zum Anlaß, auf das geistige und kulturelle Niveau
der Briten zu schließen. Die Gruppe der Pidginsprecher selbst
aber fühlte sich durch den Gebrauch der *lingua franca*, die
noch zu sehr im Zeichen der Unerläßlichkeit stand, nicht ge-
brandmarkt. Nachdem der portugiesische Pidginvorläufer bereits sehr nützliche Dienste erwiesen hatte,[60] war es für
beide Seiten lange Zeit eine Selbstverständlichkeit, Pidgin
zu sprechen. Als in der Mitte des 19. Jahrhunderts die
ersten Autoren daran gingen, die Struktur des CPE zu untersuchen, mußten sie feststellen, daß die neue Behelfssprache
hybriden Charakters war und nicht in das Prokrustesbett der
indogermanischen Sprachkonzeption gepreßt werden konnte.
Gerade bei den Festlandlinguisten war eine unweigerliche Abwertung die Folge. Ohne die soziolinguistische Sonderstel-
lung weiter zu berücksichtigen, konnte man in Veröffentlichungen wiederholt Kommentare wie diesen lesen:

> Hier /in China/ tritt also, als absoluter Gegensatz
> zu der durch die höchste Potenz der geistigen Ver-
> feinerung hervorgebrachten Trennung ... eine höchst

---

[60] Zum Einsatz des vereinfachten Portugiesisch siehe:
J.B. Eames, *The English in China; Being an Account
of the Intercourse and Relations between England and
China from the Year 1600 to the Year 1843 and a
Summary of Later Developments* (London, 1909), S. 82-84.

armselige Nachahmungs-Lautsprache auf, die in
ihrer Häßlichkeit fast noch schroffer und an-
stößiger sich zeigt, als die von den eingewanderten Deutschen der Vereinigten Staaten gebrauchten Wortverdrehungen ... 61

. . . .

Gewiß wird man ... mit einer gewissen Genugthuung
lesen, daß ein solches Ungeheuer schon im Keime
erstickt wird.62

Da den aus weiter Ferne urteilenden Journalisten und Linguisten oft nur einige Zeilen des CPE zu Händen kamen, brachen
sie meist schon den Stab über den aus ihrer Sicht
s c h r e c k l i c h e n   M i s c h m a s c h , noch ehe
sie über die eminent wichtige Mittlerfunktion und die sprach-
taktischen Vorteile in der soziolinguistischen Ausnahme-
situation genauer informiert waren.

Als nach 1842 die gegenseitigen Beziehungen intensiviert wurden und zugleich immer mehr nur kurzfristig in China verwei-
lende Europäer und Amerikaner eintrafen, änderte sich der
Status des CPE auch in den Augen derer, die unmittelbar davon
betroffen waren. Mehr und mehr trat man denjenigen Gruppen,
die allein auf Pidgin angewiesen waren, mit dünkelhafter und
teilweise verächtlicher Haltung gegenüber. Wenn Reinecke für
das letzte Viertel des 19. Jahrhunderts feststellte,
"millionaire and groom alike spoke it",63 so konnte man gegen die Jahrhundertwende hin bereits die peinliche Reaktion
der gebildeteren Schichten beobachten, wenn sie mit Pidgin
konfrontiert wurden:

Especially fatal is the temptation to fall back on
the easier dialect, to young scholars already profi-
cient therein, when they are met by the serious
difficulties of purer English. A story is told of
a youthful convert who could not be made to understand the psalm for the day: "Why do the Heathen so

---

61 Kindt, 201.

62 Ebd., 202.

63 *Marginal Languages*, S. 784.

furiously rage together": until his European
teacher rendered the line into Chinese, when,
as the meaning dawned upon him, he broke out,
to the great scandal of all present: - "My
savee; what for that Heathen man makee too
muchie bobbely!"64.

Die überkommene Einstellung der Europäer als auch die
rasche Anpassung der chinesischen Oberschichten wird in
einer anderen Episode deutlich:

> Vor etlichen Jahren besuchte ein chinesischer Groß-
> kaufmann Europa. Ihm zu Ehren wurden Empfänge veran-
> staltet und Festessen gegeben. Bei einem abendlichen
> Bankett glaubte ein englischer Gast sich mit ihm in
> *Pidgin* - oder was er dafür hielt - unterhalten zu müs-
> sen. Er fragte den Chinesen: "Likee soupee?" 'Do you
> like the soup?' "Wantchee winee?" 'Do you want some
> wine?' usw. Am Schluß des Essens erhob sich der
> Chinese, um die ihm zu Ehren gehaltene Rede in ausge-
> zeichnetem Englisch zu erwidern. Als er unter großem
> Beifall der Anwesenden geendet hatte, neigte er sich
> zu seinem englischen Nachbarn und fragte ihn lächelnd:
> "Likee speechee?"65

Allgemein herrschte die Tendenz, daß erheblich mehr Chinesen
als Ausländer die Sprache des anderen lernten. Auch brachten
die in China ansässigen Europäer in der Regel dem Pidgin lange
Zeit größeres Verständnis entgegen als nur auf der Durchreise
befindliche Fremde, die dann häufig in Tagebüchern oder Reise-
berichten das CPE als sonderlich unbeholfene Verquickung
zweier so verschiedener Sprachsysteme wie dem Englischen und
Chinesischen schilderten. Andererseits wurde es aber sogar als
lingua franca zwischen verschiedensprachigen Europäern benützt,
die kein anderes Verständigungsmittel gemein hatten.66 Es ist

---

64 W.J. Shaw, "Canton English", *The New Review*, 16 (1897), 554.

65 H. Rogge, "Pidgin English, eine lingua franca Ostasiens",
Zeitschrift für Anglistik und Amerikanistik, 5 (1957), 325.

66 Eine ähnliche Funktion hatte das MPE als Verständigungsmittel unter weißen Missionaren verschiedener Nationali-
tät in Melanesien.

ein weit verbreiteter Irrtum, daß allein die Briten oder
Amerikaner sich der Pidginsprache bedienten. Da sie das ein-
fachste Medium war, wichen auch andere Nationen, oft ohne
Kenntnis der englischen Sprache, darauf aus:

> Pidgin is spoken not only by the English residents
> in communicating with their servants and employees,
> but also by the merchants and visitors to China of
> all other nations. The Dutch captains who voyage to
> Hong Kong from Batavia with little knowledge of our
> pure vernacular, are often excellent hands at Pidgin.
> The French and Germans make use of it with few
> exceptions, and learn it on arrival quite as a
> distinct study.67

Ähnlich wie die Chinesen waren die nicht-englischsprachigen
Nationen viel eher dazu geneigt, dem CPE einen unabhängigen
Sonderstatus einzuräumen als die Briten oder Amerikaner, welche, besonders wenn sie sich nur kürzere Zeit in China auf-
gehalten hatten, verständlicherweise nur die schreckliche
Korruption der englischen Sprache rügten. Wie sehr das Verkehrsidiom, selbst unter den außergewöhnlichen Umständen, gerade von den englischsprachigen Autoren verabscheut wurde,
zeigt der Kommentar eines Reisebuchschriftstellers:

> It may be premature to call "Pidgin English" a
> language. It is only the beginning of one.
> Although ideas can be expressed by it, it is in
> a most defective condition; so much so, that an
> Englishman, when he first reaches China, is very
> much amused at what seems to him a relic of Babel.
> If it should be his fate to remain in the country
> he dislikes to adopt it. His sense of good manners
> makes it distasteful to him to speak such a jargon,
> for it sounds like making a fool of the party
> addressed; but here we get an evidence of the
> power of growth which this infantile speech is
> possessed of, for however reluctant any one may
> be to speak it, he is forced by the necessity of
> the case to do so.68

---

67 Shaw, 553 f.

68 Simpson, *Meeting the Sun* (Boston, 1877), S. 274.

Durch die Haltung der weniger landeskundigen Reisenden und
anderer Außenstehender erkannten die chinesischen Sprecher
mehr und mehr, welch verachtetes Stigma von unterprivilegier-
ten und kulturell nicht voll anerkannten Trägern dem Pidgin
anhaftete. Außerdem mußten sie die oft zitierte und allgemein
vertretene Ansicht revidieren, die Engländer würden selbst
ihre eigene Sprache, welche die Chinesen lange Zeit mit dem
CPE identifizierten, nicht mit letzter Sicherheit beherrschen,
eine Einstellung, die Ch.G. Leland einen Chinesen so formulie-
ren läßt: "Englishman no can talkee Chinee, he no plenty smart
inside. Allo Chinaman talkee Englishee all plopa - all-same
my".[69] Als diese Meinung der Erkenntnis um den tatsächlichen
Sachverhalt wich, wehrten sich gerade die höheren Schichten
unter den Chinesen gegen die Verwendung des Pidgin, das für
sie nicht ganz zu Unrecht ein Relikt aus der Kolonialzeit dar-
stellte, welches im 20. Jahrhundert keine Existenzberechtigung
mehr hatte. Green berichtet aus eigener Erfahrung, daß sogar
sein Hauspersonal starke Ressentiments gegenüber der Behelfssprache entwickelte[70] und Reinecke charakterisiert den veränderten Stellenwert des CPE mit der ironischen Bemerkung:
"Even those who speak only Pidgin are more keenly aware of
the existence of 'plopa Englis'."[71]

---

[69] *Pidgin-English Sing-Song or Songs and Stories in the
China-English Dialect* (London, 1876), S. 111.
Die annähernd wörtliche Wiedergabe lautet: 'Die Englän-
der können nicht Chinesisch sprechen, sie sind nicht ge-
scheit genug (inwendig). Alle Chinesen sprechen Englisch
ganz richtig - ganz so wie ich.'
Ähnliche Beobachtungen trafen: Kindt, 202; A.A. Hayes,
"Pidgin English", *Scribner's Monthly*, 15 (1878), 373;
Reinecke, *Marginal Languages*, S. 785; Kreyenberg, 596.

[70] Vgl. den aufschlußreichen Kommentar Greens, 331, über
seinen *No.* 1 boy.

[71] *Marginal Languages*, S. 785.

- 50 -

Mit der Einsicht um die wirklichen Verhältnisse ging die
Zahl der Pidginsprecher rasch zurück und bereits um 1930
galt für die Stellung des konventionellen Pidgin, welches
nicht mit den *ad hoc* gebildeten Verständigungsphrasen von
Touristen verwechselt werden sollte:

> Classical pidgin-English is very rarely heard now.
> Even the modified pidgin, which is hardly more than
> a sort of slang adapted to the Chinese idiom and
> very easily acquired, is going out, though, by the
> way, it is still vastly different from the gibberish
> that passes on the London stage for pidgin.72
>
> ....
>
> In Shanghai the orthodox pidgin of the linguists,
> which foreigners really had to learn almost as much
> as had the Chinese, was becoming rare even twenty-
> seven years ago when I first went to China.73

Der niedere soziokulturelle Status und die Verbesserung
der Lernmöglichkeiten dürfen als wesentlicher Grund für
die schrittweise Verdrängung des konventionellen Pidgin
angesehen werden. Dem zunächst als sprachlichen Makel be-
trachteten Hilfsverständigungssystem schenkte die Forschung, von manchem mit Vorsicht zu behandelnden Artikel
abgesehen, lange Zeit kein näheres Interesse. Als Ergebnis davon nimmt es nicht wunder, wenn nahezu kein brauch-
bares, in authentischem CPE verfaßtes Material über dieses
vom sprachpsychologischen und soziolinguistischen Gesichtspunkt so aufschlußreiche Hybridisationsphänomen überliefert ist:

> It is almost impossible to obtain reliable written
> material in Chinese Pidgin. If it is not a modern
> linguist's transcription of a piece of recorded
> speech, then it is a semi-humorous and inevitably
> inaccurate piece of what I should call English

---

72 Green, 331.   73 Ebd., 334.

Stereotyped Chinese Pidgin English.[74]

Obwohl das alte, klassische Pidginenglisch der einstigen
Vertragshäfen nicht mehr existiert und nur noch Relikte
davon in Hongkong zu finden sind, starb der B e g r i f f
des chinesischen Pidgin noch nicht aus, sondern ist in seiner besonderen Bedeutung neu zu fassen.

---

[74] Prof. Keith Whinnom, der europäische Fachgelehrte,
bestätigte mir auf meine Anfrage den Mangel an
authentischem Material in einem Brief vom 12. März 1971.

5. DIE NEUFASSUNG DES BEGRIFFES 'PIDGINENGLISCH' IM RAHMEN SEINER ENTWICKLUNG BIS ZUR GEGENWART

Mit den neuen sozialen, politischen, wirtschaftlichen und kulturellen Bedingungen änderten sich die sprachlichen Verhältnisse in China. Im 18. und 19. Jahrhundert bildeten sich sowohl im CPE und MPE als auch in vielen anderen Behelfssprachen typische grammatische, idiomatische und lexikalische Konventionen aus. Man konnte das CPE mit Recht als Sprachs y s t e m bezeichnen, das regional einheitlichen Charakter hatte, wenngleich es auch zu Modifizierungen kam, die ihren Grund in der starken geographischen Streuung des Kontaktidioms hatten, was sich aus dem Vermerk eines chinakundigen Kommentators schließen läßt:

> The northern Pidgin was, however, full of corruptions, and the Hong Kong Boys used bitterly to complain "No savee". Indeed, their sense of grammar must have been outraged by the frequent use of expressions unknown in their schools, but invented by the British soldier and readily adopted by the northerners.[75]

Trotz der innerchinesischen Dialektisoglossen und ihrer Auswirkung auf den Hybridcharakter des Pidgin war dieses zumindest in den Vertragshäfen einheitlich verständlich und hatte eine charakteristische, feste Form, die lange Zeit nur vom Chinesischen abhängig gesehen wurde: "The structure of the sentences is in exact accordance with Chinese idiom, and many of the seemingly useless expressions are literal translations."[76] Erst Hall und Hockett konnten anhand einer statistischen Erhebung diese Annahme korrigieren.[77] Nichtsdesto-

---

[75] Shaw, 554.

[76] Hayes, 373.

[77] Vgl. S. 78.

- 53 -

weniger beruht ein großer Teil des Sprechprozesses auf einer
Anpassung an das chinesische Strukturmuster, während das Wort-
material größtenteils dem Englischen entliehen ist.

Dadurch, daß das CPE über zweihundert Jahre lang auf feste
geographische Zonen konzentriert war, konnte man dort sogar
von einem Standardpidgin, oder wie Green, klassischen Pidgin,[78] sprechen. Zudem wurde die Standardisierung noch durch
einige andere Umstände begünstigt.

Bei der Bildung der Behelfssprache ging die Initiative zur
Formierung des CPE entscheidend von den Chinesen aus. Sie
waren es, die sich geschäftsbeflissen bereit zeigten, trotz
der Isolationspolitik ihrer Regierung, wenigstens um der nötigsten Verständigung willen, einen gut Teil englischer Begriffe
zu erlernen, die sie dann oft unter Zugrundelegung der eigenen
Grammatik verwandten. Die übergewichtige Verlagerung der Initiative auf die Seite e i n e r Sprachgemeinschaft trug
nicht unerheblich zu einer Standardisierung bei. Hinzu kommt
der normierende Einfluß der schriftlichen Lernhilfen, die
vielen Chinesen in Form von Manuskripten oder Lehrbüchern zur
Verfügung standen.[79] Die Chinesen waren, ähnlich den Eingeborenen in Melanesien, diejenigen, welche Pidgin wirklich einwandfrei, sofern man dieses Attribut überhaupt gebrauchen
will, sprechen konnten. Gewiß gab es im CPE nie solch starre
Regularitäten wie in einer europäischen Kultursprache und die
Pidginsprecher hatten immer einen großen Ausdrucksspielraum,
doch entwickelte sich schon in der ersten Hälfte des 18. Jahrhunderts die t y p i s c h e Form des klassischen Pidginenglisch. Trotzdem gab es Stimmen, die dem Pidgin jede
Standardform absprachen:

    It follows, of course, that there is no settled
    standard of Pidgin-English, and that anything

---

[78] Vgl. S. 50.
[79] Vgl. S. 23 ff.

may correctly claim to be in that dialect, so
that it represents English as spoken by a Chinese
with some national variation from the English
standard.80

Reineckes Antwort auf Lelands Wertung zeigt dessen terminologische Schwächen deutlich auf, indem er als englischsprachiger Wissenschaftler obige Feststellung sprachpragmatisch
entkräftet: "This ⁄die zitierte Stelle aus Lelands Buch⁊ is
absurd. Everyone is acquainted with Chinese who speak English
with a great deal of national variation, but who do not speak
anything like what is recorded as Pidgin."81

Da das CPE noch wortärmer als das MPE oder andere, kreolisier-
te Sprachen ist, war die notwendige Folge eine starke Improvi-
sation in der Satzbildung, wollte man den verschiedenen Sach-
verhalten annähernd gerecht werden. Deshalb, offensichtlich
wie Leland, jegliche Standardisierung grundsätzlich abzuleh-
nen, ist nicht zu rechtfertigen. Schließlich erfuhr das CPE
auch keine allerorts willkürliche Verbreitung, sondern der einheitliche Sprachgebrauch wurde durch den Einsatz der sogenannten *schoolmasters* und *linguists* gesichert, ja es scheint sogar
einen regulären Pidginunterricht gegeben zu haben:

> ... at Hong Kong, in spite of the most strenuous
> endeavours on behalf of the Legislature, for many
> years past, to introduce the English language in
> its purity, and the discountenancing by all officials
> of the use of Canton English in the transaction of
> public business, the dialect still holds its own. At
> Canton and the various coast settlements, the Chinese
> have regular schools and classes in which it is taught;
> and it is believed that similar arrangements exist,
> under the rose, in our colony of Hong Kong itself.82

---

80 Leland, S. 5.
81 *Marginal Languages*, S. 788.
82 Shaw, 550.

Mit dem Vordringen der chinesischen Sprachkenntnis seitens
der Engländer und vor allem durch die Beherrschung der englischen Sprache auf Seite der Chinesen wurde der standardi-
sierte Sprachgebrauch des klassischen CPE allmählich aufgelöst.
Green, der als erster unter den kompetenten Beobachtern Wert
auf eine terminologische Unterscheidung der einzelnen Ent-
wicklungsstufen legte, bezeichnet daher das ursprüngliche
Pidgin als das klassische, orthodoxe Pidgin bzw. spricht von
konventionellem Stil, während er als Gegensatz dazu das modifizierte Pidgin anführt.

Im Laufe des 20. Jahrhunderts wurde das ursprüngliche, als
klassisch bezeichnete CPE immer weiter zurückgedrängt und
wich einer neuen Art des Pidginenglisch, das sich von seinem
Vorgänger deutlich abhebt. Für diese Entwicklung, die von
Green bereits 1934 angedeutet worden ist, war die Verlagerung
der pidginsprachigen Gruppen auf kleinere chinesische Geschäftsleute und im Dienstleistungsgewerbe Tätige sowie auf
Touristen und andere kurzzeitig in China engagierte Ausländer
verantwortlich. Das Englisch der Einheimischen verbesserte
sich stetig, dennoch war es wortschatzmäßig, grammatisch und
in der Aussprache noch weit davon entfernt, daß man von einem
regionalen Standardenglisch sprechen konnte. Verbessertes
Englisch und ehemaliges Pidgin flossen nun ineinander über,
was Green dazu veranlaßte, von einem modifizierten Pidgin auszugehen. Seine dehnbare Umschreibung als "slang adapted to the
Chinese idiom" interpretiert Reinecke in Ermangelung weiterer
Aussagen sehr anschaulich:

> The later "slang adapted to the Chinese idiom", as
> Green calls it, ... is probably something which may
> be assigned to Schuchardt's zone of creolisant speech,
> in which the speaker knows enough of the standard
> language to speak both it and the jargon incorrectly;
> the speaker has left the standard of Pidgin English
> without having attained that of true English.83

---

83 *Marginal Languages*, S. 789.

Daß die Beobachtungen Greens und seine Kategorisierung in
klassisch-konventionelles und modifiziertes Pidgin nicht
unbegründet waren, zeigt die neueste Pidginforschung. In
einer Studie, die auf der Konferenz über Pidginisierung und
Kreolisierung, welche vom 9.-12. April 1968 in Mona, Jamaika,
stattfand, vorgelegt wurde, wird für den gegenwärtigen Gebrauch der *lingua franca* in Hongkong auf eine pidginimmanente
Diglossie hingewiesen, die sich im wesentlichen mit der von
Green gemachten Kategorisierung deckt:

> ... one finds a kind of bilingualism: the more
> educated, intelligent or ambitious amah or shop-
> keeper may possess two varieties of English, a
> more or less imperfect non-native English used
> to address English-speakers, and an apparently
> uncontaminated and stable pidgin in which to
> talk to Chinese from other regions (or in which,
> when occasion arises, to retreat and baffle a
> native English-speaker who is proving troublesome).[84]

In der Untersuchung wird zwischen einem *more or less imperfect
non-native English* und einem *uncontaminated and stable pidgin*
unterschieden. Es ist offensichtlich, daß hier eine moderne
Parallele zu Greens modifiziertem bzw. klassisch-orthodoxen
Pidgin vorliegt. Um den Unterschied der beiden Kategorien
zu verdeutlichen, sei im folgenden der Versuch unternommen,
einige wesentliche Kriterien der zwei Ausprägungen einander
gegenüberzustellen:

Klassisches (orthodoxes, konventionelles) Pidgin	Modifiziertes Pidgin
Beschränkter Wortschatz (ca. 700 Wörter)	individuell recht verschiede-ner, doch allgemein größerer Wortschatz
Annäherung an chinesische Grammatik	stärkere Hinwendung zur Struktur des Standardenglisch

---

[84] Whinnom, S. 104.

stärker standardisiert und stabiler	fließendere Konventionen zwischen CPE und Englsich
"korrekter" Sprachgebrauch üblich	keine Normen feststellbar, nur relativ motiviert
regelrechte Lehrbücher	obliegt ganz der persönlichen Formulierungsinitiative
größtenteils von fest Ansässigen gesprochen, Chinesen wie Fremden	meist von nur vorübergehend Anwesenden im Verkehr mit Einheimischen gebraucht
bis auf wenige Relikte ausgestorben	zwischen Touristen und Einheimischen noch beschränkte Aussichten
substratnähere Aussprache	superstratnähere Aussprache
Blütezeit Mitte des 19. Jahrhunderts	entwickelte sich erst in der ersten Hälfte des 20. Jahrhunderts stärker heraus
bisweilen interchinesisches Verständigungsmittel	chinesisch-europäisches (bzw. amerikanisches) Verständigungsmittel
im Laufe der Zeit auf sozial niedere Schichten festgelegt	schichtenspezifisch nicht eindeutig festlegbar

In den ehemaligen Kontaktzonen des modernen, kommunistischen China ist das klassische Pidgin ausgestorben. Einzig in Hongkong sind nach Whinnom[85] noch einige Spuren festzustellen, während das modifizierte Pidgin dort besonders zwischen englischsprachigen Neuankömmlingen und einheimischen Geschäftsleuten gebräuchlich ist. Die Superstratgesellschaft spricht kein konventionelles CPE mehr, das derzeit auf die letzten sogenannten *Old China hands* beschränkt ist, die in Shanghai oder Hongkong einst von chinesischen Gouvernanten erzogen wurden. Die nichtchinesischen Sprecher lernen entweder einen der verbreiteteren Dialekte oder die neutrale Pekingsprache bzw. ziehen Dolmetscher zur Verständigung hinzu, wenn die andere

---

[85] Vgl. ebd.

- 58 -

Seite nicht schon Englisch beherrscht. Nichtsdestoweniger
wird das schwer zu definierende, da in stetem Fluß begrif-
fene, modifizierte Pidginenglisch weiterhin von einer zah-
lenmäßig nicht genau festzulegenden Gruppe gebraucht:

> The transient population of soldiers and sailors,
> who can scarcely differ greatly from their
> predecessors of previous centuries, acquire per-
> haps half a dozen elementary phrases but no fa-
> cility in the dialect, and derive some amusement
> from instructing unsuspecting natives in obsceni-
> ties or comically grotesque locutions (for a polite
> formula of greeting "Oh, my aching back"), when (as
> with stage-Irish or Argentine *cocoliche*) the real
> intended recipient of the communication is a native
> speaker of the language which is being abused.86

Das modifizierte Pidgin hat den soziolinguistischen Makel
einer Herren- und Dienersprache durch seine fluktuierende
Anpassung an das Englische abgelegt und auch seine früher
wesentliche Funktion als Soziopolitikum nahezu verloren.

Hinsichtlich der Superstratsprecher ist das chinesische Pidgin, will man überhaupt heute noch von einem solchen sprechen, eine sterbende Sprache. Dies gilt insbesondere dann,
wenn man unter dem Begriff nicht irgendeine spontan improvi-
sierte und regellose linguistische Eintagsfliege versteht,
sondern eine feste Vorstellung damit verbindet.

Bei den Substratsprechern ist die Situation etwas anders ge-
lagert. Die Superstratgesellschaft, die von jeher den passi-
veren Teil bei der Entwicklung des CPE ausmachte und von der
auch keine Neubelebung mehr zu erwarten ist, zeigt weit weniger Verharrungsbereitschaft gegenüber dem althergebrachten
Pidgin als die Substratsprecher. Ein wesentlicher Grund dafür
liegt sicher darin, daß das CPE in viel höherem Maße die Sprache der Chinesen ist, wie Whinnom, der sich aus erster Hand
überzeugen konnte, ausführt:

---

86 Ebd., S. 103.

The only speakers of the dialect who handle it
with fluency, with unhesitating command of its
limited resources, and without corrective or
hyper-corrective error, are the Chinese servants
and shopkeepers, who will address Europeans in
it, but who are able to deploy the full battery
of its resources and make no allowances for
difficulties of comprehension only with *other
Chinese*. It is the language in which the amah
from Canton communicates with the cook-boy from
Shanghai, and in which the shopkeeper will address
a fellow-trader from Fuchow.[87]

Ein weiterer Faktor für die stärkere Perseverationskraft des
CPE seitens der Substratträger darf in der *lingua franca*-
Funktion - so beschränkt sie im Verhältnis zur Gesamteinwoh-
nerzahl auch sein mag - gesehen werden. Der Einsatz als
Sprachbrücke setzt, wenn auch nicht immer S p r a c h -
grenzen im eigentlichen Sinne, so doch zumindest d i a -
l e k t a l nur schwer überwindbare Isoglossen voraus. Diese Bedingung war im chinesischen Sprachraum lange Zeit gegeben. Erst mit dem politischen und kulturellen Wandel im China
des 20. Jahrhunderts ergaben sich hier einige grundlegende
Veränderungen. In den einstmals stark voneinander verschiedenen Dialekten werden die Verständnisbarrieren allmählich abgebaut. Prinzipiell kann man in acht große Gruppen untertei-
len: Nordchinadialekt, Kiangsudialekt, Hunandialekt, Kiangsi-
dialekt, Hakkadialekt, Nordfukiendialekt, Südfukiendialekt und
Kuangtungdialekt. Davon ist der Nordchinadialekt am weitesten
verbreitet und wird nach Schätzungen von über 70% der chine-
sischsprachigen Bevölkerung[88] gebraucht. Die einzelnen Haupt-
dialekte differieren im wesentlichen durch ihre Aussprache,

---

[87] Ebd., S. 104.

[88] Die chinesische Sprache ist die Sprache der Han, der mehr
als 94% der Bevölkerung angehören. Bei einer Einwohner-
zahl von ungefähr 700 000 000 hat sie damit die höchste
Sprecherzahl eines Landes.

haben aber prinzipiell dieselbe Grammatik und einen großenteils gleichen Wortschatz. Aufgrund der in letzter Zeit po-
litisch gesteuerten Entwicklung wird die Vereinheitlichung
der chinesischen Sprache allerorts gefördert:

> Zur Zeit gibt es in der Umgangssprache der Han-Nationali-
> tät noch die verschiedenen Dialekte, aber es bildet sich
> allmählich eine gemeinsame Sprache der gesamten Han-Natio-
> nalität heraus.
> Die lange Zeit verwendete einheitlich chinesische Schrift-
> sprache "Wenyen" ist anfänglich notwendigerweise auf der
> Grundlage der Umgangssprache entstanden, hat sich aber spä-
> ter immer weiter von ihr entfernt. Deshalb kam eine neue
> geschriebene Sprache auf, die viel unmittelbarer die leben-
> dige Umgangssprache wiedergibt und stets in enger Verbin-
> dung mit ihr geblieben ist. Sie ist das, was wir heute all-
> gemein unter "Paihua" verstehen und stellt die Hauptquelle
> unserer jetzigen gemeinsamen nationalen Schriftsprache dar.
> Alle möglichen in "Paihua" geschriebenen Werke hatten den
> nördlichen Dialekt als Verkehrsinstrument zwischen den Ge-
> bieten mit verschiedenen Dialekten und wurden "Kuanhua"
> (oder Mandarin-Sprache) genannt. Die "4. Mai"-Bewegung im
> Jahre 1919 wandte sich gegen die Wenyen-Literatur und agi-
> tierte für eine in Paihua geschriebene Literatur. Sie er-
> schütterte die herrschende Stellung der alten Schriftspra-
> che. Allmählich bildete sich in der gemeinsamen Sprache der
> Han eine einheitliche Form für die geschriebene und gespro-
> chene Sprache heraus. ... Seit der Gründung der Volksrepu-
> blik China im Jahre 1949 hat sich die geschriebene Sprache
> in den Grundzügen schon "Paihua" angeglichen; die Einheit
> von Sprache und Schrift ist im Prinzip erreicht worden.
> Gleichzeitig hat die Umgangssprache eine weitere Entwick-
> lung erfahren. Durch geschichtliche Ursachen bedingt, ist
> die chinesische Sprache heute noch nicht ganz einheitlich,
> aber die Grundlage für die Einheit der chinesischen Sprache
> ist bereits vorhanden. Das ist die allgemeine Sprache, deren
> Basis die nördlichen Dialekte bilden, deren Standardsprache
> die des Peking-Dialektes ist ... 89

Somit wird, wie die Entwicklung zeigt, wegen der innerchinesischen Sprachvereinheitlichung eine der letzten Ursachen für

---

89 *Lehrbuch der chinesischen Sprache* (Peking, 1959), hg. u.
verf. von der Sonderabteilung für chinesischen Sprachunter-
richt für ausländische Studenten an der Peking-Universität,
S. 19 f.

das Verharren des CPE in der Substratgesellschaft, selbst
in der Kronkolonie Hongkong, abgebaut. Einzig eine Anzahl
Amahs (Gouvernanten, Kindermädchen) und kleinerer Ladenbe-
sitzer bedient sich noch des eigentlichen CPE. Doch außer
den in solchen Kontaktberufen tätigen Einheimischen gilt
für andere werktätige Schichten bereits: "... farmers,
fishermen, and coolies, who have very restricted contact
with Europeans, do not speak pidgin."[90] Für das größere
Standvermögen des Pidgin seitens der Substratträger mag noch
der Umstand zeugen, daß es bis in die Sechzigerjahre ähnliche, an die Chinesen gerichtete Lehrbüchlein gab wie mehr
als hundert Jahre früher zur Blütezeit des CPE:

> ... of course you can still buy in Hong Kong little
> all-Chinese books on how to speak English which are
> in fact instructions on how to speak pidgin: English
> words represented in these books by Chinese charac-
> ters, giving, inevitably, severe distortion of the
> words. "Bath" would figure as (1) Chinese character
> for "bath, bathing" etc. and (2) two characters
> pronounced /ba fu/. These little books were certainly
> still in use in 1956.[91]

Durch die transliterierende Umschriftung in diesen Büchlein
wurde die substratnähere Aussprache lange Zeit gefestigt.
Außerdem sahen die Einheimischen keinen Grund, ihre Artikula-
tion zu ändern, sobald sie erkannt hatten, daß die chinesische
Sprechart, welche in einer für Pidgingsprachen typischen phonetischen Verzerrung bestand, nicht zur Unverständlichkeit des
Gesagten führte. Oft bestärkte sie die Verständlichkeit ihrer
Aussagen sogar in der vermeintlichen Richtigkeit der Aussprache.[92]

---

[90] Whinnom, S. 102.

[91] Briefliche Mitteilung Prof. Whinnoms vom 12. März 1971.

[92] Dem wirkte allerdings die soziolinguistische Abwertung
entgegen.

Zusammenfassend läßt sich feststellen, daß das CPE auch
seitens der Substratsprecher stark zurückging und nahezu
allerorts einem modifizierten Pidgin, das teilweise schon
Substandardcharakter bezüglich des Englischen angenommen
hat, gewichen ist.

6. DIE VERLAGERUNG DES CPE IN ANDERE LÄNDER

In den Fünfziger-, Sechziger- und Siebzigerjahren des 19.
Jahrhunderts, als die Handels- und Verkehrsbeziehungen
zwischen Amerika und China stärker ausgebaut wurden, setz-
ten große Auswanderungsbewegungen in die Vereinigten Staaten
unter den Chinesen ein. Die wirtschaftlichen Bedingungen wa-
ren im China des 19. Jahrhunderts für die breite Masse der
Bevölkerung denkbar schlecht. Andererseits befanden sich die
USA gerade in der Blütezeit der wirtschaftlich-geographischen
Erschließung und benötigten Arbeitskräfte in großer Zahl.
Insbesondere beim Bau der transkontinentalen Eisenbahn, der
Union Pacific- und der Central Pacific-Linie, zeichnete sich
John Chinaman oder *Johnny*, wie die Chinesen oft genannt wur-
den, aus.

Nach dem *Gold Rush* 1849 setzten große Einwanderungswellen
nach Kalifornien, Montana, Idaho und Nevada ein. Dabei
waren die Chinesen keinesfalls nur als Goldwäscher oder
Eisenbahnarbeiter tätig:

> Not only did they labor in the mines but they
> also worked as cooks, waiters, household servants,
> gardeners, cigar-makers, in the laundries, and in
> the cotton and woollen mills.
> ....
> There were Chinese bankers and merchants, too, in
> California, large importers of teas, silks, opium,
> sumptuous dinners.[93]

---

[93] M. Meredith, "Longfellow's 'Excelsior' done into
Pidgin-English", *American Speech*, 5 (1929), 148.

Die Schätzungen über die Zahl der nach Amerika eingewanderten Chinesen beliefen sich im Jahre 1869 auf ungefähr 100 000,
wovon sich allein in Kalifornien etwa 60 000 niedergelassen
hatten.[94] Da die chinesische Immigrantengesellschaft nicht
durchwegs homogen war, kann auch ihr Sprachverhalten nicht
pauschal behandelt werden. Zumindest zwei Gruppen mit stark
verschiedenem Sprachgebrauch sind zu erkennen.

Die wohlhabenden Schichten, d. h. die Bankiers, größeren Kaufleute (Exporteure, Importeure) und andere einflußreiche Unternehmer sprachen entweder English oder hatten Dolmetscher zu
ihrer Verfügung. Für ihre Transaktionen hätte die Ausdrucks-
fähigkeit des Pidgin an sich meist nicht ganz ausgereicht. Dazu kommt der soziale Makel, welcher mit der gesellschaftlichen
Stellung dieser Kreise unvereinbar war.

Anders verhielt es sich mit den einfacheren Arbeitern und den
im Dienstleistungsgewerbe beschäftigten Chinesen. Sie hatten
weder die finanziellen Möglichkeiten, auf einen Dolmetscher
zurückzugreifen, noch brachten sie entsprechend gute schuli-
sche Voraussetzungen mit, als daß sie befähigt gewesen wären,
die englische Sprache in kurzer Zeit einwandfrei zu erlernen.
So war diese Gruppe zunächst auf das Pidginenglisch zu ihrer
Verständigung angewiesen, welches bald nicht mehr mit dem CPE
der Vertragshäfen deckungsgleich gewesen sein dürfte, eine Erscheinung, die durchaus erklärlich ist. Zum einen trafen viele
Pidginsprecher aus ursprünglich verschiedenen Kontaktzonen
Chinas zusammen und brachten bisweilen einzelne leicht verschiedene Modifikationen im Sprachgebrauch mit,[95] zum anderen
entwickelten die Chinesen in Amerika durch das tägliche Zusam-
mentreffen mit der englischsprachigen Bevölkerung einen eigenen
beschäftigungsspezifischen Wortschatz in ihrem neuen Arbeits-
milieu.

---

[94] Vgl. ebd.

[95] Zu den manchmal auftretenden Abweichungen vom regulären
CPE vgl. den Befund auf S. 52.

Im allgemeinen wurde das Pidgin der chinesischen Arbeiter
von den Amerikanern verspottet und die Stellung der Chinesen
in den Vereinigten Staaten wurde häufig derjenigen vieler
ihrer Landsleute in China als nicht ebenbürtig erachtet, was
schon einer Stellungnahme aus dem Jahre 1878 entnommen werden
kann:

> ... and here, and in modern Hong Kong, can be found
> descendants and representatives of the old Hong
> merchants, whose acquaintance is well worth making.
> If your experience of Chinamen be confined to the
> wretched cigar-makers and washermen of the eastern
> cities, or the hoodlum-fearing inhabitants of the
> Chinese quarter at San Francisco, the people that
> you are now to meet /d. h. in Hongkong und anderen
> Vertragshäfen/ will be a revelation.96

Trotz aller Diskreditierung ihres Sprachgebarens konnten
sich die chinesischen Immigranten wenigstens in den notwen-
digsten Angelegenheiten verständlich machen. Durch die geographisch starke Streuung der Pidginsprecher war eine weitere Voraussetzung für den einheitlichen Gebrauch der Behelfssprache nicht gegeben, weswegen es kaum verwundert,
wenn sie neben die "schreckliche Mischmasch-Sprache der un-
gebildeten /deutschen/ Eingewanderten der Vereinigten
Staaten"97 gestellt wurde, ohne daß allerdings die kontaktsprachliche Funktion besondere Würdigung fand.

Nachdem die Chinesen schon längere Zeit im Lande waren, hatten sie zwar den anfänglich beschränkten Wortschatz erweitert,
doch behielten sie weiterhin ihre Ausspracheeigenheiten bei,98

---

96 Hayes, 373.

97 Kindt, 202.

98 z. B. /r/ > /l/, /v/ > /b/ oder Anhängen von
-ee; einige Wendungen konnten sich wegen ihres eigenarti-
gen Effekts bis heute im Englischen halten: z. B. *no tickee,
no laundlee!; no tickee, no washee!; that's not my pidgin!;
long time no see!*

und zeitgenössische amerikanische Beobachter erhoben die
Frage, ob die Einwanderer jemals amerikanisiert werden könnten.[99] Da aber billige Arbeitskräfte nach wie vor gebraucht
wurden, gestattete man ihnen die fortgesetzte Einwanderung,
obwohl sie eine ungerechte Steuerlast zu tragen hatten. Mit
der Zeit gewannen viele Kritiker der Behelfssprache der Immigranten auch ihre komische Seite ab, und sowohl auf der Bühne
als im zeitkritischen Schrifttum erschienen ironische Anspie-
lungen. Für wen entbehrte es nicht der Komik, wenn ein im
Zorn entbrannter Chinese, der mit einem amerikanischen Juden
in Streit geraten ist, diesem, in der Meinung, er würde ihn
damit verletzen, entgegnete: "You too muchee bad, by Gosh! -
you killee Melican-man's Josh!"[100]

Die Blütezeit des chinesischen Pidgin in Amerika lag in der
zweiten Hälfte des 19. Jahrhunderts. Längere Zeit und in
größerem Ausmaß war es vor allem in San Francisco zu finden,
wo sich viele Chinesen im sogenannten China Town angesiedelt
hatten. Anders als in China hatte es in Amerika keine so ausgeprägte *lingua franca*-Funktion, als daß man noch Pidgin gesprochen hätte, nachdem die Chinesen das regionale Substan-
dardenglisch beherrschten.

Ähnlich wie in seinem Ursprungsland zeigte das CPE auch in
den USA nie die geringsten Kreolisierungstendenzen, während
einige ebenfalls in Amerika gesprochene Reduktionssprachen
solche durchaus erkennen lassen.[101] Heute kann von den Nach-
fahren der ehemals eingewanderten Arbeiter, Hausangestellten
oder kleinen Geschäftsleute festgestellt werden, daß sie zwar

---

[99] Bret Hartes bekanntes Gedicht "The Heathen Chinee" (ur-
sprünglicher Titel: "Plain Language from Truthful James")
läßt sich z. B. in Hinsicht auf die Zwiespältigkeit des
chinesischen Volksgeistes interpretieren.

[100] Leland, S. 98.
Melican bedeutet 'American', *Josh* 'God'.

[101] So z. B. Gullah.

noch immer nicht gänzlich im amerikanischen Volk aufgegangen sind,[102] ihr Sprachverhalten ist aber insoweit als amerikanisiert zu betrachten, als sie sich größtenteils an das regionale Englisch angeglichen haben.

Die Vereinigten Staaten waren das Land, wo das ursprüngliche CPE neben China die weiteste Verbreitung fand, wenngleich es von den Amerikanern auch im Verkehr mit den Chinesen nie ernsthaft angenommen wurde. In anderen Ländern sind lediglich einige Spuren in der jeweiligen Landessprache zu finden. So verwendeten einst chinesische Einwanderer, Händler und Seeleute das Pidgin als Verkehrsidiom in Hawaii, wo es aber zwischen diesen Gruppen und den Einheimischen nicht bestandhaft Fuß fassen konnte.[103] Außerdem war die zahlenmäßige Vertretung der Chinesen in Hawaii recht gering. Von den 60% Asiaten, die heute auf der Insel wohnen, sind nur 7% chinesischer Herkunft. Dabei ist noch zu beachten, daß von diesen keinesfalls alle früher das CPE vollends beherrschten. Somit blieb sein Einfluß auf die Verwendung einer Anzahl von Ausdrücken beschränkt. Bei der Untersuchung der Einflüsse der Pidginsprachen auf die jeweilige Basis- bzw. Landessprache ist immer genau zu unterscheiden, welcher Pidgintypus beteiligt ist, da es sonst zu so unrichtigen, da groben Pauschalierungen kommt, wie Reinecke eine in seiner Arbeit berichtigen konnte:

---

[102] Davon zeugen die in mehreren amerikanischen Großstädten heute noch bestehenden Chinesenviertel, die sogenannten *China Towns*.

[103] Zur Verwendung und Verbreitung des modernen Pidginenglisch in Hawaii, insbesondere zum Einfluß der japanischen Einwanderer, vgl. die Ph. D. Dissertation von S. Nagara, *A Bilingual Description of Some Linguistic Features of Pidgin English Used by Japanese Immigrants on the Plantations of Hawaii: A Case Study in Bilingualism*, 2 Bde. (University of Wisconsin, 1969).

Armstrong in *The China Weekly Review*, 43:240-242,
stated that Chinese Pidgin English was carried to
Hawaii and New Guinea -- which is of course nonsense
so far as the latter place is concerned, and erroneous
in regard to the former, for like many uninformed persons -- including H.L. Mencken -- this writer confuses
two wholly different sorts of Pidgin English.104

Inwieweit die beiden hier angesprochenen Pidginsysteme
- gemeint ist das MPE und CPE - tatsächlich gänzlich voneinander verschieden sind, wird noch zu untersuchen sein.
Andererseits entsteht bei Armstrongs Ausführungen der falsche Eindruck, daß in Neuguinea das CPE gebräuchlich sei,
eine Behauptung, die nur für das in Hawaii benützte Pidgin
in gewissem Maße zutraf.

Neben dem begrenzten Aktionsraum des CPE in Hawaii wurde es
in einigen anderen Ländern kurzzeitig verwendet, z. B. in
Australien oder Neuseeland. Doch lassen sich keine Angaben
über einen längeren und erfolgreichen Einsatz eruieren.[105]
Dies gilt auch für den vorübergehenden Gebrauch in den sogenannten Straits Settlements bei Singapur, wo es, wie andern-
orts, von chinesischen Emigranten als erster Verständigungs-
behelf benützt wurde.

---

[104] *Marginal Languages*, S. 797, Fn. 27.

[105] Vgl. ebd., S. 783.

7. DER EINFLUSS DER BESONDEREN SOZIOLINGUISTISCHEN
   GEGEBENHEITEN UND FUNKTIONSZIELE AUF DEN CHARAKTER
   DER 'LINGUA FRANCA' IN DEN CHINESISCH-ENGLISCHEN
   KONTAKTZONEN

Die soziologischen und sprachlichen Verhältnisse in den
chinesischen Vertragshäfen wichen von denen in Melanesien
oder Australien deutlich ab. Hier wie dort hatte man einen
Sprachkompromiß zu finden, doch gab es in vieler Hinsicht
wesentliche Unterschiede, die die charakteristische Ausprägung der einzelnen Pidginsysteme bewirkten.

Das MPE wurde wegen seiner Nützlichkeit bald von der Sub-
und Superstratgesellschaft bereitwillig angenommen. Zwar
hatten die weißen Kolonisten - Engländer und Australier
ebenso wie die Deutschen - manche sprachpuristische oder
dünkelhafte Vorbehalte gegen das Pidgin der Eingeborenen,
aber letztlich waren beide Parteien an einem vernünftigen
Kompromiß zur Überwindung der nahezu unüberbrückbaren Verständigungsschwierigkeiten interessiert. Die Beispiele, wo
ein weißer Unternehmer die einheimischen Arbeiter aus
rassistischen Gründen auf einem sprachlich niederen Niveau
halten will, gehören der Vergangenheit an und waren auch da
nicht immer die Regel. Einer vollen Entfaltung des MPE bzw.
einem Vordringen des Englischen steht von dieser Seite nichts
mehr im Wege.

Anders waren dagegen die Bedingungen in China. Dort galt es
keine 500-600 verschiedene Idiome durch den unerläßlichen
Einsatz einer Behelfssprache zu überwinden.[106] Wenngleich
die linguistischen Verhältnisse mitentscheidend für die Ausbil-

---

[106] Zum mangelhaften Wissensstand der Briten als auch
Chinesen um die Sprache ihrer Handelspartner vgl.
die Ausführungen auf S. 16 ff.

dung des CPE waren, so stellten sie aber nur das Ergebnis
der sprachpolitischen und soziokulturell rigiden Einstellung
auf beiden Seiten dar:

> The first variety of Pidgin English was that which
> arose at Canton, after the establishment of the
> English "factory" (trading post) there in 1664. Here,
> the social situation was especially interesting. The
> English, of course, regarded the language of the
> "heathen Chinee" as beyond any possibility of learning,
> and, as was customary with Europeans, began to pid-
> ginise their own language for the Chinamen's benefit.
> The Chinese, on the other hand, held the English and
> other "foreign devils" in extremely low esteem, and
> would not stoop to learning the foreigners' language
> in its full form. They were willing, though, to learn
> what they perfectly well knew to be an "imperfect"
> variety of English or of some other Western tongue.
> In other words, Chinese Pidgin English owed its origin
> to the desire of each side to hold the other at arm's
> length![107]

Inwieweit die Behauptung Halls um das Wissen von einer un-
vollkommenen Form des Englischen zeitlich und schichtenspezifisch relativiert werden muß, wurde bereits eingehend
dargelegt. Allgemein gesehen gibt jedoch Halls Situations-
bild in geraffter Weise die Begründung für das Verharren
einerseits und für die mangelnde Entfaltung des Behelfs-
idioms andererseits. Während im MPE und anderen kreolisier-
ten Pidginsprachen der Verständigungsbereich wie im CPE zunächst übergewichtig auf den Sektor des Handelsverkehrs beschränkt war, erfuhren diese im Gegensatz zu letzterem schon
ziemlich bald eine beträchtliche Registerweitung. Das Vokabular des CPE stützt sich hauptsächlich auf Begriffe des alltäglichen Geschäftsverkehrs und ist zum größten Teil aus dem
englischen, zum geringen Teil aus dem chinesischen, portugiesischen sowie dem malaiischen Lexikon entliehen; es umfaßte

---

[107] Hall, *Hands off Pidgin English!*, S. 28 f.

alle notwendigen Begriffsinhalte, die zur Abwicklung der
begrenzten Verständigungsaufgaben unumgänglich waren. Wenn
ein ehemaliger, entschiedener Gegner des MPE nach genauer
Erforschung der Möglichkeiten der *lingua franca* nicht zuletzt auch wegen ihrer regen Entfaltung sogar in Betracht
zog, daß in dieser Sprache einmal Atomphysik ebenso wie andere komplizierte Fächer gelehrt werden könnten,[108] wäre
dies vom CPE zu keiner Zeit auch nur entfernt anzunehmen
gewesen. Seine Beschaffenheit war selbst in der sogenannten
klassischen Periode[109] und in der darauffolgenden Verbreitung sehr anspruchslos und zum Ausdruck eines schwierigeren
Gedankenganges nicht geeignet, was Hall noch für das Pidgin
des 20. Jahrhunderts durch seine Untersuchungen bestätigt
fand:

> Style is very simple, and complicated constructions
> are rare. The normal type of discourse is question
> and answer, i.e. dialogue between master or mistress
> and servant, or between client and tradesman.[110]

Aus dem bescheidenen Charakter des CPE wurden auf sprachliche
Erscheinungen manchmal Schlüsse gezogen, die auf den ersten
Blick überzeugend erscheinen, bei näherer Sicht aber unhaltbar sind. Ein Beispiel hierfür ist die sozioökonomische Motivation für die semantische Funktion der Spezifikativa *fellow*
und *piece(e)*:

---

[108] Vgl. A. Frenchs Artikel "Pidgin English in New Guinea",
Australian Quarterly, 23:4 (1953), 57-60, wo er entschieden gegen den Gebrauch des MPE Stellung nimmt, während er in seinem späteren Aufsatz "A Linguistic Problem
in Trust Territory", *Eastern World*, 9:1 (1955), 21-23,
seine Meinung in dem obengenannten Sinne geändert hat.

[109] Etwa von 1749/50-1842.

[110] "Chinese Pidgin English: Grammar and Texts", *Journal
of the American Oriental Society*, 64 (1944), 102.

... vor jedes Substantiv wird das Wort fellow
(Bursche) gesetzt. Z. B. heißt ein Mann one
fellow man, ein Haus one fellow house. Dies
fellow spielt im Archipel /gemeint ist der
Bismarck-Archipel/ dieselbe Rolle wie pieci
(piece, Stück) im chinesischen Pidginenglisch.
Es scheint dies darauf hinzudeuten, dass im
Bismarck-Archipel das Pidginenglisch sich anfangs im Anschluß an das Arbeiteranwerbegeschäft,
wobei es auf die Anzahl der als Arbeiter anzuwer-
benden Burschen, fellow, ankam, entwickelt hat,
während für das chinesische, in erster Linie im
Handelsverkehr gebrauchte Pidginenglisch das
Stück, piece, das Wesentliche war.111

Durch die besondere, situationsbedingte Häufigkeit dieser Wörter, folgert der Autor weiter, sei es nur natürlich, daß sie
sich "den Eingeborenen am ersten einprägten und dann die we-
sentlichsten und meist gebrauchten Bestandteile des Pidginenglisch wurden".112 Sicher verwendete man die Wörter *fellow*
und *piece(e)* unter den gegebenen Umständen immer wieder, allerdings zeigt Schnees Argumentation einige Schwächen, da die
Bedeutung der Begriffe nicht allein aus sozioökonomischer Sicht
erklärt werden kann. Zunächst weist er *fellow* (auch *fela* oder
pela geschrieben) mit Rücksicht auf das Arbeiteranwerbegeschäft
dem MPE zu, *piece(e)* dagegen unter dem Aspekt des Handelsverkehrs dem CPE. Hier erhebt sich die Frage, warum in Melanesien
die gegenseitigen Verkehrsbeziehungen das Wort *piece(e)* nicht
ebenso in hohem Maße nötig gemacht haben sollen.113 Hätte sich
Schnee genauer mit den Aufgaben der beiden Wörter beschäftigt,
wäre er unweigerlich auf den Funktionsunterschied in der Super-
strat- und der Pidginsprache gekommen. Im Englischen sind
fellow und *piece* freie Morpheme, wohingegen *fellow* im MPE als

---

111 H. Schnee, *Bilder aus der Südsee* (Berlin, 1904), S. 299 f.
112 Ebd., S. 300.
113 Soweit schließlich konnte auch Schnee nicht gehen, der
die Verhältnisse in Melanesien recht gut kannte, daß er
den Güteraustausch zwischen Weißen und Eingeborenen ver-
leugnet hätte.

Klassifikator für (meist einsilbige) Adjektive, Demonstrativa, Indefinita und Numeralia ein gebundenes Morphem darstellt,[114] das auch als Pluralindikator dient.[115] Diese Erscheinung findet ihre Parallele in vielen melanesischen Sprachen und ist keinesfalls nur durch die äußeren Umstände der Kontaktsituation begründet. Ebenso verhält es sich mit *piece(e)* im CPE, wo es in der Funktion des im Substrat verwandten Zählwortes *gè* (个) und aller anderen Mengenklassifikatoren gebraucht wird.[116] *De facto* haben diese Begriffe also eine ganz andere linguistische Funktion als die sozioökonomische Motivation Schnees zu erkennen gibt. Unter Einbezug der linguistischen Gegebenheiten ist sein entwicklungsgeschichtlicher Deutungsversuch folgendermaßen zu erweitern: die melanesischen und chinesischen Einheimischen verstanden die zunächst aufgrund äußerer Umstände häufig verwandten Begriffe recht bald und wandelten sie in Ermangelung bedeutungsparalleler Kategorien in der Y-Komponente (= Superstrat) entsprechend analoger grammatischer Erscheinungen in der X-Komponente (= Substrat) zu neuen Sinnträgern um.

Weitere Aussagen über das CPE, die von seiner besonderen Zielsetzung auf konkrete Sprachphänomene schließen lassen, können meist nur allgemeiner Art gemacht werden. Wegen der bereits erwähnten Beschränkung des Lexikons mußte andererseits der Aktionsradius vieler Begriffe erheblich erweitert werden. In diesem Sinne ist z. B. der Begriff *Pidgin* selbst nicht nur in der Bedeutung von 'business' zu verstehen, sondern steht nahezu für jede Art von 'Geschäft', 'Verkehr', 'Angelegenheit', 'Dienst', 'Botschaft', 'Sendung', 'Aufgabe', 'Pflicht', 'Brief', 'Paket', 'Tätigkeit' u. ä.[117]

---

[114] z. B. *naisfelà* = 'pretty', *disfela* = 'this', *samfela* = 'some', *wanfela* = 'one'.

[115] z. B. bei *yufela* = 'you' (Pl.), *mifela* = 'we'.

[116] Die sinologistische Verwendung von *piecee* ist fakultativ: *two (piecee) coolie* = 'two coolies'.

[117] Vgl. Kreyenberg, 589.

8. SPRACHPSYCHOLOGISCHE ASPEKTE ZUR ENTSTEHUNG UND ERKLÄRUNG VON STRUKTURPHÄNOMENEN

Bei der Entstehung des CPE wirkten nicht nur die soziolinguistische Gesamtsituation, geographische und wirtschaftliche Gegebenheiten auf die Ausbildung der Behelfssprache ein, auch sprachpsychologische Momente waren dabei wesentlich beteiligt. Die ersten Verständigungsversuche zwischen zwei verschiedensprachigen Parteien sind zunächst stets mit ähnlichen Begleiterscheinungen verbunden, die mit dem Sprachverhalten in sozialen Extremverhältnissen vergleichbar sind:

> To make themselves understood pidgin-speakers
> adopt precisely the same measures as in the ...
> behaviour of master to slave, i.e. they speak
> slowly and distinctly, repeat carefully phrases
> and sentences obviously not understood, seek
> periphrases, resort to gestures, etc.118

Neben der Zuhilfenahme von Gebärden und Zeichen versuchen beide Seiten, im Falle der Pidginsysteme insbesondere die Sprecher der Y-Komponente, ihre eigene Sprache zu vereinfachen, weil sie glauben, daß sie dadurch von der anderen Partei leichter und schneller verstanden würden. Eine vergleichbare sprachpsychologische Erscheinung läßt sich am Sprachgebaren zwischen Erwachsenen und Kindern feststellen. Erstere gehen häufig soweit, nicht alleine ihren Sprachgebrauch im Verkehr mit Kindern im positiven Sinne zu vereinfachen, also einen leicht verständlichen, jedoch grammatisch einwandfreien Stil

---

[118] Whinnom, S. 103.

zu sprechen, sondern "immer wieder lassen sich die Erwachsenen verleiten, mit dem Kind in einer entstellten Sprache
zu reden, weil sie meinen, das sei kindertümlich, das Kind
verstände eine derartige Äußerungsform leichter".[119]

Die Aufgabe grammatischer Kategorien, wie z. B. Flexion oder
Genus, kommt den typischen Reduktionserscheinungen gleich, die
zu beobachten sind, wenn Europäer in ihrer eigenen Sprache zu
den Einwohnern Afrikas oder Asiens sprechen. Da es den Eingeborenen vornehmlich darauf ankommt, das im Bereich nötigster
Existenzanliegen Unentbehrliche aufzunehmen, beschränken sie
sich naturgemäß zuerst auf eine rein bedeutungsapproximative
Adoption des fremden Sprachgutes. Grammatisch-syntaktische
Strukturen oder gar idiomatisch-stilistische Eigenheiten können mangels Lehr- und Lernhilfen, entsprechendem Zeitaufwand
und wegen des großen Unterschiedes zu der neuen Sprache, z. B.
zwischen dem Englischen und Chinesischen, selbständig nicht
oder nur äußerst unzureichend erkannt werden. Zudem verwischen
die Reduktionsphasen und psychologischen Schwundstufen, die von
Anfang an seitens der Sprecher der Y-Komponente zu beobachten
sind, den korrekten grammatischen Bau der primären Spendersprache. Damit ist es z. B. für einen Chinesen in der Kontaktsituation unmöglich, die eigentliche Struktur der fremden
Sprache durch ein wortinhaltskombinatorisches Gesamtverständ-
nis aus dem jeweiligen Kontext richtig zu rekonstruieren.

Trotz allem kann das Verhalten der Pidginsprecher offensichtlich nicht als agrammatisch bezeichnet werden, wenngleich der
Sprachgebrauch nahezu alle synthetischen Merkmale verloren
hat, so daß man des öfteren Feststellungen wie diese vertreten fand: "It should be observed that it is impossible to
reduce Pidgin-English, and especially its verbs, to rule".[120]

---

[119] F. Kainz, *Die Psychologie der Sprache*, Bd. II
(Stuttgart, 1960), S. 674.

[120] Leland, S. 13.

Diese Aussage ist in ihrer Pauschalität unhaltbar und wird
von modernen Pidginforschern weitgehend modifiziert. Nicht
ganz so konzeptionslos wie Leland sah bereits ein späterer
Autor die innere Struktur des CPE, der immerhin fünf "dif-
ferentiating factors" als für das Verkehrsidiom typisch an-
geben konnte:

1. The use of Chinese sentence construction;
2. The use of the classifier *piecee*;
3. Mispronunciation on both sides;
4. Direct translation from the Chinese;
5. The use of words foreign to both languages,
   such as *ricksha, cumshaw, joss, godown*.[121]

Wenn sich das CPE nicht ausschließlich am Englischen als
grundlegendem grammatischen Muster ausrichtete und auch eine
gänzliche Agrammatizität kaum vertretbar ist, so ergab dies
für den Großteil der Mischsprachenphilologen nur mehr den
einen möglichen Schluß: "The general construction of sentences is essentially Chinese".[122] Etwas präziser wird
diese Ansicht in einer anderen Stellungnahme aus dem 19.
Jahrhundert dargelegt, die für viele ähnliche Ausführungen
stehen mag:

It /CPE/ is really a language, and a good knowledge
of it is of much assistance in the difficult task of
learning Chinese. The structure of the sentences is
in exact accordance with Chinese idiom, and many of
the seemingly useless expressions are literal translations.[123]

Demgegenüber wurde der Annahme, Pidgin sei "ins Englische
übersetztes Chinesisch",[124] von so bedeutenden Linguisten

---

[121] P.S. Cannon, "The 'Pidgin' English of the China Coast",
The Journal of the Army Educational Corps, 13 (1936), 139.

[122] Dennys, 171.

[123] Hayes, 373; ähnlich äußern sich die meisten anderen
Kommentatoren, vgl. z. B. Giles, S. 219; Kindt, 201.

[124] Rogge, 325.

und Sprachpsychologen wie Jespersen und Kainz entschieden
widersprochen: "Pidgin-English cannot be described, as is
often done, as English with Chinese pronunciation and
Chinese grammar ..."[125] K.H. Schönfelder wiederum kriti-
siert zwar Rogges Feststellungen, bringt aber in seiner
Rezension des Roggeschen Artikels keine Alternativerklärung
über den Prozeß des Pidgingenese.[126] Wohl ist die wissen-
schaftliche Autorität von Forschern wie Jespersen oder Kainz
gemeinhin unumstritten, doch zeigt sich bei näherer Untersuchung, daß diejenigen englischen und amerikanischen Autoren, die eine strukturelle Parallele zum chinesischen
Sprachsystem ziehen, größtenteils Kenntnisse aus erster
Hand vom CPE hatten, während sich die anderen vielfach nur auf
oft nicht zu umfangreiches schriftliches Dokumentationsmate-
rial und linguistische sowie sprachpsychologische Methoden
und Argumente stützen. Offensichtlich treffen hier und auch
in ähnlichen Zusammenhängen zwei Richtungen aufeinander, die
für die Mischsprachenphilologie typisch sind; Halls leicht
ironischer Kommentar charakterisiert beide sehr treffend:

> 'Substratomaniacs' see the influence of linguistic
> substrate everywhere, and ascribe virtually every
> linguistic change to one substratum or another,
> whether anything is known about the presumed sub-
> stratum or not; 'substratophobes' deny such in-
> fluence in almost all instances.127

Was die beiden Blickwinkel anbelangt, so kann das Problem im
Falle einer Darlegung und Begründung von Strukturphänomenen
im CPE sicherlich nicht ausschließlich von einer Seite zufriedenstellend geklärt werden. Hocketts und Halls Strukturanalysen

---

[125] Jespersen, S. 233.

[126] Vgl. "Pidgin English", *Zeitschrift für Anglistik und
Amerikanistik*, 6 (1958), 54-58

[127] *Pidgin and Creole Languages*, S. 108.

lassen bereits eine erheblich differenziertere Betrachtungs-
weise erkennen. Die Auswertung ihrer Ergebnisse über die
Stellung des CPE hinsichtlich seiner Verwandtschaft zum Englischen bzw. Chinesischen kann als quasi-repräsentativ gewertet werden. Ihre Statistik bezieht sich auf die Verteilung
von linguistischen Kriterien, d. h. von Wortklassen, Formen
und Konstruktionen:

Exclusively Chinese	3	5,2%
Closer to Chinese than to English	4	7,0%
Common to both Chinese and English	29	50,8%
Closer to English than to Chinese	9	15,8%
Exclusively English	10	17,5%
Independent developments in Chinese Pidgin	2 (128	3,5%

Die Ausrichtung nach der chinesischen Grammatik kann nicht
geleugnet werden. Doch nimmt sie keinesfalls den überragenden
Platz ein, welchen ihr die Mehrzahl von Autoren zubilligen
wollte. Faktisch ist zwar ein Substrateinfluß nachzuweisen,
daneben ist aber zu bedenken, daß sich viele Wortanordnungs-
muster, um eine syntaktische Kategorie als Beispiel herauszu-
greifen, ganz unvermeidlich mit solchen der chinesischen Sprache decken mußten. Die Notbehelfssituation veranlaßte nämlich
die einheimischen Sprecher, in Ermangelung einer genauen Kenntnis der englischen Grammatik als einziges Ordnungsprinzip eine
unter sprachpsychologischem Gesichtspunkt rein assoziations-
additive Wortstellung zu wählen, die notwendigerweise des öfteren mit der stark analytischen Wortreihung im Chinesischen
deckungsgleich sein mußte. Diese Fälle, die mitunter zur Rubrik

---

[128] "Pidgin English and Linguistic Change", *Lingua*, 3
(1952), 141.
Die Umrechnung in Prozente wurde von mir vorgenommen,
um eine übersichtlichere Darstellung zu ermöglichen.
Die Grundmenge linguistischer Kriterien bei der Prozen-
tualisierung beträgt 57 (= 100).

"Common to both Chinese and English" zählen, sind daher mit
dem Substratum identisch, setzen aber keine bewußte substrat-
orientierte Grammatikalisierung des CPE voraus. Fehlt z. B.
eine grammatische Form, die es im Englischen gibt, im Chinesischen jedoch nicht, so ist das keinesfalls dem Substrateinfluß zuzuschreiben, sondern es würde wahrscheinlich bei anderen Notbehelfssprachen aufgrund des sprachpsychologischen
Grundverhaltens aller Sprecher in ähnlicher Weise der Fall
sein.[129] Da das Englische seinerseits stark analytische Struk-
turierungen zeigt, sind auch bewußt vollzogene Superstrat-
parallelen nur schwer nachzuweisen.

Allgemein kann die Entwicklung des Pidginsystems so charakterisiert werden, daß zunächst eine Art Telegrammstil entsteht, in
dem durch die Nennung der wichtigsten Bedeutungsträger das
Skelett des Gedankenganges dargestellt wird, während alle
grammatisch-formalen Kategorien weitestmöglich abgebaut sind.
Schließlich ist nicht zu vergessen, daß für einfache Verständigungsaufgaben grammatische Formmittel nahezu gänzlich entbehrt werden können. Der Formalapparat beschleunigt einzig das
Verständnis um die Zuordnung der Wörter und ermöglicht die
Organisation komplexerer Sinnbeziehungen. Die grundsätzliche
Erfassung des Satzsinnes ist davon jedoch ziemlich unabhängig,
wie Charlotte Bühler nachweisen konnte.[130] Das primär auf
semantischen Verständnisassoziationen aufbauende Pidginsystem

---

[129] Daß sich alle Sprecher in bestimmten Situationen gleich
verhalten, konnte die moderne Verhaltensforschung auch
an dem sogenannten kindchen-positiven Sprachgebaren von
Erwachsenen im Sprachverkehr mit Kindern nachweisen, wo
eine genetisch-inhärente Veranlagung das Verhalten des
homo sapiens prädisponiert. Bei den Schwundstufen und
Reduktionsphasen in Pidginsystemen ist allerdings noch
eine umweltbedingte Komponente für die sprachpsychologischen Reaktionen der Sprecher mitverantwortlich.

[130] Vgl. "Über die Prozesse der Satzbildung", *Zeitschrift
für Psychologie*, 81 (1919), 181 und besonders 193.

konnte daher weit unter die Entwicklungshöhe der in chinesischen Dialekten oder im vereinfachten Englisch auftretenden Strukturkategorien zurückgeführt werden. Allerdings ist
es in diesem Zusammenhang nicht gerechtfertigt, den Grund
für den Abbau der differenzierten Formalkategorien in der
Primitivität des geistigen Erfassungsvermögens der Substratgesellschaft zu suchen, wie Kainz' Ansätze zu einer Erklärung der Pidgingenese wiederholt erkennen lassen.[131] So
sieht er z. B. auch in der mangelnden Unterscheidung zwischen dem Possessivpronomen *his* und dem Personalpronomen
him keineswegs einen Zusammenhang zur chinesischen Grammatik,
sondern erklärt:

> Da wir ähnliches indes in zahlreichen Primitivspra-
> chen sowie in der Kindersprache antreffen, nimmt
> man wohl besser an, daß es sich dabei um Differen-
> zierungen handelt, zu denen ein primitives Sprach-
> denken überhaupt nur schwer gelangt. Beispiele für
> einen primären (nicht durch Reduktion bewirkten)
> Zusammenfall von Personal- und Possessivpronomen
> liefern die Eskimosprachen. Hier haben wir eine der
> genetischen Invarianten und linguistischen Gleich-
> förmigkeitserscheinungen, die aus der Struktur der
> primitiven Geistigkeit fließen und immer wieder ihre
> Wirksamkeit entfalten, ohne daß Abhängigkeit von Vor-
> bildern anzunehmen wäre.132

Damit scheint das Problem gefällig gelöst zu sein. Einer genauen linguistischen Analogieanalyse hält Kainz' Argumentation aber nicht stand. Wenngleich seine Verweisung auf die
geistige Primitivstufe der Substratsprecher in manchen Fällen annehmbar scheinen mag, kann sie in dieser Pauschalie-
rung hinsichtlich der Verhältnisse bei der Pidgingenese
kaum gebilligt werden. Wer würde heute noch, wie Kreyenberg,[133]
vom Chinesischen als einer primitiven Sprache reden. Die Haltung Kainz' erinnert an die der klassischen Grammatiker, die

---

131 Vgl. Kainz, Bd. II., S. 660 ff.

132 Ebd., S. 667.

133 Vgl. das Zitat auf S. 30.

von der lateinischen (oder griechischen) Grammatik als Optimum
ausgingen und an diesem Maßstab alle anderen Systeme werteten,
während die strukturalistische Methode derartige Voreingenom-
menheiten ablehnt. Die Sprecher des Chinesischen weisen keineswegs sprachlich primitives Denken auf, und was in den romanischen Sprachen durch den Formalapparat bewirkt wird, übernimmt
im Chinesischen der kontextnahe, analytisch-assoziative Denk-
prozeß. Kainz verwies auf den mangelnden Unterschied zwischen
his und *him* im CPE. Im Chinesischen jedoch geht der Mangel der
personalpronominalen Deklination sogar soweit, daß zwischen
Nominativ, Genitiv, Dativ oder Akkusativ kein Unterschied gemacht wird. Gleichfalls gibt es im S p r e c h prozeß keinen
Unterschied der Genera, selbst in der dritten Person nicht.[134]
Außerdem gestattet die analytische Struktur des Chinesischen
ein grammatisch homonymes Verhalten von Personal- und Possessivpronomen, falls durch den Kontext der Sinnbezug eindeutig
ist.[135] Wenn nun der chinesische Sprecher von seinem sehr ökono-
mischen Sprachgerüst Analogien zum Gebrauch englischer Wörter
zieht und der semantisch-assoziativen Seite gegenüber einer for-
malen Strukturierung oder Hypergrammatikalität den Vorzug gibt,[136]
so läßt dies nur schwerlich den Schluß auf sprachlich primitives Denken zu. Nichtsdestoweniger weist Kainz in seinen Ausführungen in Zusammenhang mit der großen Fallhöhe des Pidgin,

---

[134] Das Personalpronomen der dritten Person heißt im Chinesischen in allen drei Genera *tā*; es unterscheidet sich nur
in der Schreibung: 他 'er', 她 'sie', 它 'es'.

[135] z. B. kann 'mein Freund' im Chinesischen bei klarem Sinnbezug auch ohne die Hinzuziehung des enklitischen Struk-
turhilfswortes *dē* 的, das sonst ein Personalpronomen zum
Possessivpronomen umwandelt, alleine mittels des Personal-
pronomens *wǒ* 我 ausgedrückt werden: *wǒ péngyou* 我朋友.

[136] Ein hypergrammatisches Verhalten zeigen viele indogermani-
sche Sprachsysteme; man denke nur an die überflüssige Kategorie des Genus, die, wie im Deutschen, zudem oft sinn-
widrig ist: vgl. z. B. d a s Weib, d a s Mädchen, aber
d i e Frau.

verglichen mit dem Standardenglisch, auf das pathologische
Verhalten von Aphasikern hin.

Die verhaltenspsychologisch falsche Einstellung der Engländer
bei der Ausprägung des Kontaktidioms ist ein weiteres Argument
gegen die pauschale Verweisung auf die sprachlich-geistige
Primitivität der Substratgesellschaft. Die Chinesen, weit davon entfernt, gänzlich agrammatisch zu denken, wurden in ihren
Verständigungsversuchen von den Briten nicht entsprechend kor-
rigiert. Froh, in der sprachlichen Notbehelfssituation wenigstens minimale Verständigungswerte aufzubringen, wurden sie
durch den Mangel an Kritik seitens der Superstratsprecher in
ihrem Glauben von der Zulässigkeit des Gesagten bestärkt.[137]

Trotz allem soll keineswegs der Eindruck entstehen, die chinesische Grammatik sei im CPE voll aufgegangen, sondern einzig
ihr wesentlicher Einfluß muß bei der Pidgingenese mit berücksichtigt werden. Gerade die auf dem Mischverhältnis von X- und
Y-Komponente basierende Arbeitsweise der Reduktionssprache ist
es, deren Untersuchung für den Sprachverhaltenspsychologen von
eminenter Wichtigkeit ist.[138] Obwohl im chinesischen Pidgin
viele Reduktionsvorgänge hinsichtlich der X-Komponente als
auch der Y-Komponente stattgefunden haben, kann man nicht alle
als ökonomische Vereinfachungen im Sinne eines extremen Analy-
tisierungsprozesses betrachten, vielmehr ist bei einem gut Teil
auch eine erhebliche Leistungsminderung zuzugestehen; schließlich verkörpert das CPE ein Notbehelfssystem. Einbußen an Ge-
nauigkeit und Abschattungsreichtum sowie Ausweichen auf situationsbedingte Notperiphrastik und -metaphorik sind unumgänglich.

Der Bestand morphologisch-grammatischer Kategorien muß in sei-

---

[137] Vgl. hierzu das falsche Verhalten von Erwachsenen im
Sprachverkehr mit Kindern.

[138] Diese Einstellung betont auch der bekannte Wiener Sprach-
psychologe F. Kainz, doch gibt es bislang noch keine
größeren grundlagentheoretischen Arbeiten, die das Gebiet
der Pidginsysteme unter linguistischem und sprachpsychologischem Aspekt voll auswerten, offensichtlich wegen der
Schwierigkeit der Materialbeschaffung und Komplexität der
Problemstellung.

ner Bedeutung notgedrungen weit hinter die Relevanz der
assoziationsadditiven Wortreihung im Sprechprozeß zurücktre-
ten, doch ist selbst das Vokabular dürftig genug. Die einzelnen Begriffe erfahren nicht nur eine von der Spendersprache
oftmals erheblich abweichende Neufassung ihres früheren Wort-
inhaltes oder eine beträchtliche Bedeutungsredundanz, auch
ihre phonetische Qualität wird in der Regel stark verändert.
Die Ursache hierfür wurde vom sprachpsychologischen Standpunkt durch eine "primitive Freude am Vokal" erklärt, "die dazu führt, daß konsonantisch auslautende englische Wörter einen
Vokal angehängt erhalten: *makee, takee, strongy, belongey.*"[139]
Ganz so primitiv und unmotiviert ist die Vokalisierungstendenz
allerdings nicht, und eine andere Erklärung dieses Phänomens
klingt schon etwas vorsichtiger: "Die Endungen, ee, ie oder ey
am Ende vieler Wörter des *Pidgin* haben entweder rein euphonische Bedeutung, oder es sind kleine Konzessionen an die
Flexionsmode der anderen Sprachen."[140] Schlägt man eine chinesische Grammatik auf, wird man unter dem Kapitel *Phonetik*
unweigerlich auf eine Feststellung stoßen, die im wesentlichen besagt: "Im Chinesischen nimmt der Vokal eine über-
ragende Stellung ein."[141] Ein Vokal oder Diphthong kann allein bereits eine Silbe bilden, wohingegen dies bei einem
oder mehreren Konsonanten unmöglich ist. Der dominierende
Status des Vokals kann im Chinesischen aber auch nicht einfach mit einer "primitiven Freude" an klingenden Lauten
erklärt werden, sondern er hat durchaus seine funktionale
Ursache. Während in den romanischen Sprachen die akustische
Lautdifferenzierung innerhalb eines Wortes durch die besondere Art der phonotaktischen Reihung unterstützt wird,
spielt im Chinesischen die v o m V o k a l g e t r a -
g e n e Silbenmelodik eine ganz entscheidende Rolle für die

---

[139] Kainz, S. 669.

[140] Kreyenberg, 593.

[141] *Lehrbuch der chinesischen Sprache,* S. 21.

Bedeutung eines Wortes. Die verschiedenen Tonhöhen besitzen phonemischen Charakter, d. h. sie sind funktional relevant, so daß trotz Häufung von Vokalen keine zusätzliche Homophonie entsteht.[142] Dieser Sprachmusikalismus gestattet es dem chinesischen Sprecher, öfter als in anderen Sprachen möglich, auf die im Vergleich zu den Konsonanten lautphysiologisch deutlicher unterscheidbaren Vokale zurückzugreifen, ohne daß eine Minderung der Ausdrucksvielfalt dadurch bewirkt würde. Überträgt der Chinese also sein vokalbetontes Sprechverhalten ins Pidgin, so kann die letzte Ursache dafür nicht einfach mit einer "primitiven Freude am Vokal" erklärt werden, die wohl einer ebenso primitiven Geistigkeit entspringe. Ähnliche Interferenzerscheinungen sind selbst bei den europäischen Kulturvölkern zu beobachten, wenn sie sich mit einer fremden Sprache konfrontiert sehen, deren Grundlagen ihnen unbekannt sind. Es sei hier nur an das Englisch einfacher deutscher Auswanderer nach Amerika erinnert.[143]

Im CPE liegt der Fall noch etwas schwieriger. Die chinesischen Pidginsprecher haben teils aus assimilatorischen, teils aus analogischen Gründen zusätzliche Vokale an englische Wörter angehängt oder bisweilen zwischen ein Wort eingeschoben, wurden aber von den Engländern nicht nur durch deren unkritisches Verhalten darin bestärkt, vielmehr übernahmen diese selbst die chinesischen Ausspracheeigenheiten und ahmten sie mit großem Eifer nach. Zudem herrschte unter den sprachlich ungeschulten Briten in den ersten Handelsjahren weitgehend die irrige Meinung, daß das Kontaktenglisch durch Hinzufügen der für sie typisch chinesisch klingenden Elemente den Einheimischen besser

---

[142] Es gibt im Chinesischen vier verschiedene Tonhöhen, die phonologisch relevant sind: $\vee$ $\diagup$ $\diagdown$ $-$.

[143] Dort konnten gleichfalls häufig verbale oder nominale Analogiebildungen beobachtet werden, deren Endungen direkt aus dem Deutschen auf die englischen Wörter übertragen worden waren, z. B. *stoppen* für 'to stop', *backen* für 'to back', *putten* für 'to put', *storen* für 'to store' oder *lotte* für 'lots'.

verständlich sei. So haben viele chinesische Sprecher, als
sie in ersten Kontakt mit Engländern kamen, gar nicht mehr
die eigentlichen englischen Begriffe in ihrer herkömmlichen
Aussprache gehört, sondern bereits pidginisierte, die die
Chinesen zwar keineswegs leichter verstanden, doch mag ihre
Bereitschaft zur Aufnahme der für sie etwas mundgerechteren
Lautverbindungen ein Mitgrund des hohen Anteils englischer
Wörter im CPE sein.

Dagegen ist die Anzahl der Entlehnungen aus der Superstrat-
sprache in allen mischsprachigen Behelfsidiomen in der Regel
recht gering, obgleich hierfür bei den einzelnen Pidginver-
tretern verschiedene Ursachen geltend zu machen sind, wie ein
Vergleich zwischen dem CPE und Beach-la-mar zeigt:

> If there are more Chinese words in Pidgin than
> there are Polynesian ones in Beach-la-mar, this
> is a natural consequence of the fact that the
> Chinese civilization ranked incomparably much
> higher than the Polynesian, and that therefore
> the English living in China would adopt these
> words into their own speech. Still, their number
> is not very large.[144]

Die chinesischen, malaiischen oder hindustanischen Wörter,
die in das Pidginenglisch einflossen, wurden nicht zuletzt
auch deswegen aufgenommen, weil die in Asien lebenden Europäer oder Amerikaner viele dieser Begriffe in ihren eigenen
Wortschatz einfügten. Insgesamt gesehen ist das Lexikon des
CPE auf ein ununterbietbares Minimum beschränkt, wenngleich
Kainz hinsichtlich des Südseepidgin noch feststellt, daß "das
Vokabular dieser Handelssprache /d. h. des CPE/ reicher und
differenzierter als das des Beach-la-Mar /ist/ und zwar deshalb, weil die an der Schaffung jenes Notbehelfsidioms entscheidend beteiligten chinesischen Kaufleute nicht als Primitive gelten können."[145] Abgesehen davon, daß der Autor sich

---

144 O. Jespersen, *Language, its Nature, Development and
Origin,* 12th impr. (London, 1964 /¹1922/), S. 224 f.

145 Kainz, S. 670.

hier widerspricht,[146] ist der Vergleich auf der Argumenta-
tionsgrundlage von Kainz nicht zu halten. So hat das Lexikon
des gegenwärtig gesprochenen MPE einen weit größeren Umfang
als das des CPE, wo doch die an der Schaffung dieses Notbehelfsidioms entscheidend beteiligten melanesischen Sprecher
in Hinsicht auf die Entwicklungsstufe der von Kainz genannten höherzivilisierten chinesischen Kaufleute erheblich pri-
mitiver sind, um mit denselben Worten zu argumentieren.
Nichtsdestoweniger finden sich im MPE erstaunlicherweise
ziemlich viele und den jeweiligen Sachverhalt gut treffende
inopia-Neologismen und notperiphrastische Wortverbindungen.
Die Ursachen hierfür können wohl kaum übergewichtig auf das
geistige Niveau der Substratgesellschaft verwiesen werden.
Vielmehr ist die sprachpsychologische Seite eng mit den
soziolinguistischen Extremverhältnissen zu verbinden.

Im CPE, dessen Aufgabe vorwiegend auf die Bewältigung der im
Handelsverkehr benötigten Verständigung ausgerichtet war, genügte ein Wortschatz von 700-750 lexikalischen Einheiten,
ohne daß Umschreibungen in übermäßiger Zahl notwendig waren.
Im MPE ist das Lexikon mehr als doppelt so groß, doch reicht
es für die vielen Ansprüche, die außer dem Register des Han-
dels- und Geschäftsverkehrs noch auftreten, bei weitem nicht
aus, und stete Neubildungen, Paraphrasen oder Entlehnungen aus
dem Englischen[147] und bisweilen auch aus verschiedenen Einge-

---

[146] Vgl. die Aussage auf S. 80, wo er das mangelnde Unter-
scheidungsvermögen der Substratsprecher hinsichtlich des
grammatischen Baues des Englischen auf das primitive
Sprachdenken von diesen zurückführt; in Verbindung mit
vorangeführtem Zitat müßte man nach Kainz also annehmen,
die chinesischen Sprecher seien zwar geistig nicht in der
Lage gewesen, grammatische Differenzierungen vorzunehmen,
aber intelligent genug zu wortschatzmäßig stärkeren
Detaillierungen. Die Begründung für die Sonderart des CPE
kann aber nicht allein auf der Ebene geistig-prädispo-
sitioneller Prämissen zufriedenstellend gegeben werden,
sondern nur in engem Zusammenhang mit der soziolinguistischen Gesamtsituation.

[147] Das britische Englisch wird heute vor allem vom
australischen Englisch als wichtigem Einflußfaktor
verdrängt.

borenenidiomen sind unumgänglich. Allerdings war das Wortgut
des CPE in manchen Fällen gleichfalls unzulänglich und *ein* Begriff genügte oft nicht, um damit z. B. einen Berufsstand oder
eine Tätigkeit klar auszudrücken.[148]

Im Bereich der Semantik lassen sich in der Bedeutungsmotivie-
rung interessante sprachpsychologische Vergleiche zu anderen
reduktionssprachlichen Phänomenen ziehen, deren Ursachen jedoch oft sehr verschiedener Art sind. Gerade für den verglei-
chenden Entwicklungstheoretiker sind anhand der Vereinfachungs-
prinzipien aufschlußreiche Parallelen und Gegensätze zu beobachten. Charakteristische Ähnlichkeiten in der Umständlichkeit des Ausdrucks, denen aber nicht immer die gleiche Motivation zugrunde liegt, treten besonders in der frühen Phase der
Kindersprache, bei Aphasikern, Verbalamnestikern und anderen
(sprach-)pathologischen Fällen sowie bei allen auf Notbehelfs-
idiome Angewiesenen und sogenannten primitiven Naturmenschen
auf. Letztere können jedoch oft über ein sehr kunstfertiges
Sprachsystem verfügen.

Sowohl Kinder als auch Kranke mit organischen Psychosen verfügen über den lexikalischen Bestand ihrer Muttersprache nur mit
Einschränkungen. Kinder suchen daher häufig für einen Gegenstand, den sie kennen, dessen Bezeichnung ihnen aber noch fremd
ist, eine Umschreibung, die einen spezifischen Begriff einfach,
jedoch typisch kennzeichnet.[149]

---

[148] z. B. wurde 'Bischof' durch *topside Joss pidgin man* um-
schrieben, was einer wörtlichen Übersetzung von 'oberster
Gottesgeschäftsmann' entspricht; ähnlich bildhaft übernimmt das onomatopoetische *puss-puss* in entsprechendem
Kontext die Bedeutung von 'liebkosen'; *puss-puss* als Substantiv heißt 'Katze'.

[149] Interessante sprachpsychologische Hinweise zum Verständnis
schwieriger Begriffe aus der Sicht des Kindes finden sich
z. B. in James Joyce' und Lewis Carrolls Werken. So wird
in *Alice in Wonderland* die Schildkröte folgendermaßen erklärt: *We called him Tortoise because he taught us,* oder
das Substantiv *lesson: they are lessons ... because they
lessen from day to day.*

- 88 -

Bei Kranken sind vergleichbare Reaktionen zu erkennen. Nur
handelt es sich hier nicht, wie in der Kindersprache,[150]
um einen Schritt im Zuge der sprachlichen Aufbauphase, sondern um den Abbau der Ausdrucks w e r t e . Aus der Einengung des Lexikons, das einem Kranken zur Verfügung steht,
folgt keine Knappheit des Ausdrucks, wie man erwarten könnte,
vielmehr ist eine erhöhte Umständlichkeit zu beobachten.[151]
Ebenso wie die pathologischen Neubildungen zeigen die analogen Erscheinungen in Kinder- und Notbehelfssprachen dieselbe
Unbefangenheit im Umgang mit ihrem Sprachmaterial, welches
ganz in den Dienst der nötigsten Zweckumschreibungen gestellt
wird. Sind Gegenstände oder Abstrakta nicht direkt paraphra-
sierbar, so werden sie häufig vom Negativen her eingekreist.
Diese Art der notperiphrastischen Antithesentechnik ist neben
anderen Umschreibungsmethoden auch bei Sprechern, die in einer
fremden Sprache noch nicht sehr versiert sind, vorzufinden.
Typisch ist z. B. der Versuch einer Ungarin, die vom bloßen
Hören etwas Deutsch gelernt hat und in einem Geflügelladen mit
folgender Wendung einen 'Hahn' verlangt: "Bitte Huhn, aber
nicht Huhn, die andere, welche nicht Eier."[152]

---

[150] Der Terminus *Kindersprache* bedeutet die Sprache des
Kindes, während das Attribut *kindertümlich* in diesem
Zusammenhang angibt, was man zur Sprache der Kinder
in Beziehung setzen kann, z. B. das Sprachverhalten
von Erwachsenen im Verkehr mit Kindern.

[151] Beispiele aphasischen Sprachgebrauchs sind nach Kainz,
S. 678 f., die Wiedergabe von *Schere* durch 'das, womit
man schneidet', *Schwamm* durch 'das Ding zum Wischen'
oder *Streichholzschachtel* durch 'schöns Stückli, wo man
kann überfahren' (Bewegung des Entzündens eines Streich-
holzes), Dingli drin, so überfahren, wo man kann kochen
mit'. Hierzu ist das oft strapazierte Beispiel für 'Zieh-
harmonika' im MPE eine gar nicht so weit entfernte not-
metaphorische Analogie: *concertina* = 'little fellow bokus
(box) you shove him he cry, you pull him he cry'.

[152] J. Kollarits, "Sprachpsychologische Notizen", *Archiv für
die gesamte Psychologie*, 44 (1923), 168.

Für alle reduktionssprachlichen Verständigungssysteme ist die
übergewichtige Verlagerung auf Konkreta kennzeichnend. Ab-
strakte Zustände und übertragene Begriffe werden vom stoff-
lich Faßbaren her erklärt und besitzen oft eine recht unter-
schiedliche Interpretationsbreite.[153] Die Unfestigkeit vieler sogenannter amorpher Semanteme erstreckt sich neben den
Bedeutungsschwankungen auch auf deren grammatisches Verhalten. Grammatische Homonymie, begrenzte Unterscheidungsmöglich-
keiten von Genus, Numerus und Kasus sowie das Fehlen einer
formal geregelten, logischen Zeitenfolge oder eines präzisen
Kongruenzdenkens sind gleichfalls für das Pidgin charakteri-
stisch. Der Abbau der in den europäischen Sprachen vorhande-
nen grammatischen Formalien wird gemeinhin als *pidgining* bezeichnet, worunter man etwas genauer "in und um China ein/en/
terminus technicus für diejenige Tendenz auf sprachlichem Ge-
biete /zu verstehen hat/ ... , die Konjugation, Deklination
sc. der einzelnen Sprachen, zunächst für einen praktischen
Gebrauch derselben, wesentlich zu vereinfachen".[154] Unter
pidgining versteht man in weiterem Sinne aber nicht allein
den Abbau von Formalkriterien, sondern auch die Umstellung
der Satzordnung nach neuen Gesichtspunkten. Öfters wirkt sich
dabei das logisch-assoziative Organisationsschema des Substrates, in diesem Falle des Chinesischen, als Generations-
matrix des Pidginsystems aus. Beispielsweise werden im CPE
Sätze häufig nach dem Grundsatz generiert, daß der Kernbe-

---

[153] Z. B. *inside bad* = 'innerlich schlimm', d. h. 'traurig';
jump inside = 'innerlich springen', d. h. 'erschrecken';
bel he get up = 'der Bauch (er) kommt hoch', d. h. 'sich
aufregen'; *inside tell himself* = 'sich innerlich sagen',
d. h. 'sich überlegen, nachdenken'. Diese Wendungen sind
auch heute noch im MPE üblich.

[154] Kreyenberg, 591.

griff jeweils vor der ihn ergänzenden Aussage steht. Entsprechend diesem Prinzip spiegelt der quasi-phonemisch umgeschrie-
bene Satz *hi masa wonči flog hi* die genaue Übersetzung des
chinesischen 'sein Herr will ihn schlagen' wider.[155] Ver-
gleicht man den CPE-Satz mit dem deutschen, wo das Hilfszeit-
wort vom Vollverb durch das Pronominalobjekt getrennt ist,
dann wird sofort seine assoziative Struktur deutlich. Dem kau-
salen Sinngehalt nach gehört nämlich *will* weitaus stärker zu
schlagen als zu *ihn*. Vom Vollverb wiederum als einem objekts-
orientierten Tätigkeitswort geht der unmittelbarste Aktionsbe-
zug auf die Zielperson aus. Der logischen Motivkette entspricht
das Pidginbeispiel voll. In diesem Zusammenhang sei noch einmal
auf die Verständigungskategorien des chinesischen Pidginspre-
chers eingegangen. Wie schon festgestellt, besteht im pidginsprachigen Wortgebrauch kein Unterschied zwischen den für indo-
europäische Denkweisen so unterschiedlichen Wortarten wie dem
nominativischen Possessivpronomen *sein* und dem akkusativischen
Personalpronomen *ihn* des gerade erwähnten Satzes. Bisher wurde
das Fehlen von Kasusunterschieden - im genannten Beispiel zwischen Nominativ und Akkusativ - als grammatisch neutrales oder
latentes Verhalten aus der Sicht des europäischen Sprechers gewertet. Wie aber stellt sich das Problem für einen Chinesen,
d. h. ist es ihm möglich, die Funktion von *hi* als zum Subjekt

---

[155] Die chinesische Übersetzung des Satzes *'t'ā¹ tuŋ¹ ciā¹
yāq⁴ tā³ tā¹* entspricht einer wörtlichen Übersetzung
von 'er Ehrenplatz-Haus wünschen schlagen er'. *tuŋ¹ ciā¹*
bedeutet wörtlich 'Ostenheim' und kommt durch die Bedeu-
tungsbrücke 'Ehrenplatz-Heim' dazu, einen 'Haushaltungs-
vorstand' und auch einen 'Prinzipal', 'Chef' oder 'Herren'
zu bezeichnen. Vgl. dazu F.N. Finck, *Die Haupttypen des
Sprachabbaus* (5. Aufl., Stuttgart, 1965 /¹1909/), S. 18.
Die lautliche Umschriftung des Satzes wurde nach Fincks
System übernommen.

gehörigen Pronomen im Vergleich zu *hi* als Objekt zu erkennen? Zur Beantwortung dieser Frage bietet das Deutsche eine
Parallele. Hier ist der Akkusativ des femininen Personalpro-
nomens der dritten Person Singular mit dem Nominativ derselben Wortart nach außen hin identisch.[156] Trotzdem wird vom
deutschen Sprecher nicht nur der Personenwechsel, sondern
auch der grammatische Funktionsunterschied (Subjekt - Objekt)
deutlich empfunden. Das verschiedene Bedeutungsempfinden beruht auf der Analogie zum jeweiligen Maskulinum,[157] wo die
funktionale Diakrise auch formal ausgedrückt wird.[158] Da es
im Chinesischen jedoch nichts ähnliches gibt, was eine derartige Hilfe aufgrund von Formmerkmalen geben könnte, ein
Kasusunterschied also fehlt, darf man nicht annehmen, die im
Deutschen oder Englischen exakt zum Ausdruck gebrachten Sig-
nale würden im CPE von den einheimischen Sprechern nachvoll-
zogen; denn die Basis, die dem Träger einer indoeuropäischen
Sprache dies ermöglicht, d. h. die mehr oder minder bewußte
Erinnerung an die lautlich abgehobene Analogiebildung (in dem
besprochenen Fall an das Maskulinum!), ist im Chinesischen
eben ausgeschlossen. Trotzdem entbehrt der analytische Charakter des Chinesischen und des CPE deswegen keinesfalls an Deut-
lichkeit der Aussageintention und reicht in der X-Komponente
durchaus für kompliziertere Gebilde aus.

Daß die Abbauerscheinungen im CPE nicht zufriedenstellend
durch das Argument geistiger Primitivität sprachlichen Denkens
motiviert sind, zeigt ein weiteres Analogiephänomen, das Spezifikativum, welches seine Ursache sowohl der besonderen soziolinguistischen Aufgabe des CPE als auch dem linguistischen
Substrateinfluß verdankt. Es trägt jedoch nach indoeuropäischem

---

[156] Beispiel: *Sie* schlägt *sie*.

[157] Beispiel: *Er* schlägt *ihn*.

[158] Vgl. Finck, S. 17.

Maßstab nicht zum Sprachabbau, sondern eher zu einer erhöh-
ten Detaillierung des Ausdrucks bei.

So gilt für die Problematik der Bewertung des Pidginsystems
entsprechend den außergewöhnlichen Gegebenheiten und sprachlichen Lösungen Fincks Feststellung, daß es "nichts anderes
als ein nicht gerade ehrenvoll auszeichnendes Vorurteil
/wäre/, wenn man annehmen wollte, was bei uns gelte, müsse
auf der ganzen Welt Anwendung finden."[159]

---

[159] Ebd.

9. DAS ALTER DES PIDGINENGLISCH, PROBLEME DER WISSEN-
   SCHAFTLICHEN DATIERUNG, ANALYSE DES FORSCHUNGSSTANDES

Das Pidginenglisch war in China von seiner Zielsetzung her
ein fast ausschließlich gesprochenes Kommunikationssystem.
Daher und wegen des wissenschaftlichen Desinteresses erklärt
es sich, daß über den Ursprung des CPE so wenig bekannt ist,
ja einige Datierungsversuche ungenau oder sogar falsch sind.
Wenn die Anfänge der Verkehrssprache beschrieben werden sollen, vermeiden manche Autoren überhaupt, konkrete geschicht-
liche Angaben zu den sprachlich und soziokulturell so komplexen Vorgängen zu machen. Ein sehr unklares Bild über die genetischen Zusammenhänge sowie über die Entwicklungsgeschichte
des CPE und auch anderer Pidginvertreter bietet Rogge. In seinem Artikel entsteht der Eindruck, daß die einzelnen Pidgintypen nicht deutlich genug voneinander abgehoben sind. Zum
einen stellt der Verfasser zwar fest, "es gibt kein *Standard
Pidgin*",[160] doch fährt er im nächsten Satz fort: "Da chinesische Kaufleute in allen Ländern der Südsee und des Pazifischen
Ozeans anzutreffen sind, entstanden in den einzelnen Gegenden
viele Abarten." Offensichtlich leitet Rogge die vielen Abarten
also aus dem CPE ab, was er aber nicht detaillierter angibt.
Der folgende Satz "Nun ist das *Pidgin English* jedoch am Aussterben und wird immer weniger gesprochen"[161] ist in seinem
allgemeingültigen Anspruch keinesfalls vertretbar,[162] oder
mußte vielmehr unrichtig werden, da man zwischen den einzelnen

---

[160] Rogge, 322.

[161] Ebd. Die drei zitierten Sätze stehen in dieser Reihen-
folge in Rogges Artikel.

[162] Eine Schwäche des Roggeschen Aufsatzes ist vor allem
seine ungenaue Terminologie. Zum einen behauptet er
z. B., daß es das *Standard Pidgin* nicht gibt, während
er andererseits feststellt, das *Pidgin English* sei am
Aussterben.

Pidgintypen genauer hätte trennen können. Während die Aussage z. B. für das australische und chinesische Pidginenglisch gültig ist, befindet sich das MPE eher in Expansion
als im Aussterben. Doch selbst hinsichtlich einer zunächst
so selbstverständlich scheinenden Feststellung wie dem Niedergang des CPE wäre es wünschenswert gewesen, wenn der Autor
seine Aussage auf die verschiedenen Begriffsinhalte, die man
heute mit der chinesisch-englischen Hilfssprache zu verbinden
hat,[163] relativiert hätte. So unklar die Zusammenhänge der
einzelnen Pidginsysteme und ihre Entstehungsmotivation dargelegt werden, sind auch die historischen Daten:

> Als vor allem nach der Öffnung der japanischen Häfen
> durch die Amerikaner und später nach dem Boxerauf-
> stand chinesische und englische Kaufleute auf breiter
> Basis in Handelsbeziehungen traten, fehlte eine geeig-
> nete Verständigungssprache. Nationale Vorurteile, Stolz
> und Rücksicht auf eigene Verhältnisse, aber auch die
> Schwierigkeit des Erlernens, ließen es nicht zu, daß
> sowohl ein einwandfreies Englisch als auch Chinesisch
> gesprochen wurden. So mußte ein Kompromiß geschlossen
> werden, und das war *Pidgin English*.[164]

Unter diesen Hinweisen muß man annehmen, der Verfasser wolle
behaupten, das CPE sei nach der Öffnung der japanischen Häfen
durch die Amerikaner (1854!), ja erst nach oder während des
Boxeraufstandes (1900!) entstanden. Die Wirtschaftsgeschichte
Chinas und Englands aber lehrt, daß bereits bedeutend früher
als in der ersten Hälfte des 19. Jahrhunderts feste Handelsbeziehungen zwischen beiden Ländern bestanden haben. Nicht zuletzt die Ostindische Kompanie war es, welche beachtliche Ge-
winne aus dem Handel mit Konsumgütern erzielte und daher an
der Erforschung der chinesischen Sprache sehr interessiert
war, um nicht länger auf das chinesisch-englische Behelfsidiom angewiesen zu sein.[165] Man bedenke nur, daß es 1836

---

[163] Vgl. dazu S. 52 ff.

[164] Rogge, 321.

[165] Vgl. dazu insbesondere S. 29 f.

schon den ersten wissenschaftlich kompetenten Artikel über
die Kontaktsprache gab,[166] obzwar der Mangel an Material
Prof. Storm wahrscheinlich dazu veranlaßt haben dürfte, nicht
weiter als bis zum Jahre 1876 zurückzugehen.[167] Daß das
Pidginenglisch aber bedeutend älter sein muß, wies Prick van
Wely nach,[168] der in einer Reisebeschreibung aus dem Jahre
1747 und 1748 eine der ersten Aufzeichnungen über das in der
bekannten Form ausgeprägte Behelfsidiom fand, welches der
Autor des Buches so eigenartig und schon so unverständlich
fand, daß er glaubte, die Notizen seinen Lesern übersetzen
zu müssen, wie einige Auszüge zeigen:

At last Jack /ein chinesischer Kuppler_7 came creeping
in at one end of the tilt, and asked, *Carei grandi hola,
pickenini hola?*169

I sometimes asked my Chinese acquaintances what they
/d. h. die Armenier_7 were ... One of them told me,
pointing at one of them, *He no cari Chinaman's Joss,
hap oter Joss,* or in better English, that man does
not worship our god, but has another god ...170

Fuki with them signifies *Friend;* and when they say,
I saluted him, or *made my compliments to him,* they
say, *I moiki handsom face for he, I moiki grandi chin-
chin for he* ... 171

---

[166] Siehe Fn. 18!

[167] Vgl. J. Storm, *Englische Philologie,* Bd. I, 2. Abtlg.
(2. Aufl., Leipzig, 1896), S. 577.

[168] Vgl. "Das Alter des Pidgin-Englisch",
Englische Studien, 44 (1912), 298-299.

[169] C.F. Noble, *A Voyage to the East Indies in 1747 and
1748* (London, 1762), S. 241.

[170] Ebd., S. 244.

[171] Ebd., S. 263.

Daß es sich hier tatsächlich um eine Notiz des CPE handelt,
wird von einer kurzen Stellungnahme Nobles noch bestätigt,
der es auf die damals übliche Weise als "broken and mixed
dialect of English and Portuguese"[172] und einige Seiten weiter noch detaillierter charakterisiert:

> The dialect the Chinese use in common with us, is
> a mixture of European languages, but mostly, as we
> formerly hinted, of English and Portuguese, together
> with some words of their own. They cannot pronounce
> the letter *r* at all.[173]

Unter Berücksichtigung aller historisch auswertbaren Belege
und Stellungnahmen lassen sich vor dem in den Kap. 4.2.-5.
dargestellten Hintergrund vier Hauptperioden erkennen, in
die man die Entwicklung des CPE einteilen kann:

1. Entstehung und Konventionalisierungstendenzen in
   Macao und Kanton etwa ab 1710-1745.

2. Die sogenannte klassische Periode, ungefähr von 1750
   bis zum Beginn des ersten Opiumkrieges.

3. Die Periode der größten Ausdehnung nach dem Frieden
   von Nanking zur Zeit der Handelsausdehnung von
   1842-1890.

4. Der Niedergang des CPE seit der Jahrhundertwende bis
   zur Gegenwart als Folge der veränderten soziopoliti-
   schen Voraussetzungen; Neufassung des Begriffes.

---

[172] Ebd., S. 244.

[173] Ebd., S. 263.

Somit weist sich das CPE als das älteste Pidgin e n g -
l i s c h aus und wird dadurch zum zentralen Ausgangspunkt
für die linguistische Klärung der genetischen Zusammenhänge
der einzelnen Pidgintypen.[174]

---

[174] Die wichtigsten Derivationstheorien über die jeweiligen
Pidgintypen sind kritisch erörtert in A. Bauer, S. 143 ff.,
so z. B. die sogenannten pidgenetischen Ansätze Halls und
Taylors, die vom Portugiesischen ausgehende Relexifikations-
theorie Whinnoms, die *core*-Theorie Cassidys und die *sabir*-
Theorie Thompsons.

10. DAS PROBLEM DER LITERARISCHEN NIEDERSCHLÄGE

Wie schon die Überschrift andeutet, läßt sich der Begriff
Literatur nicht vorbehaltlos mit dem CPE in Verbindung bringen; die Problemstellung ist weitaus grundsätzlicherer Art:
gibt es tatsächlich eine CPE-Literatur, und sei der Inhalt
des Wortes noch so weit gefaßt?

Dazu ist es zunächst erforderlich, einige prinzipielle Aussagen über das Wesen der Literatur in dem Sinne, wie sie
hier verstanden wird, zu machen. Eine Auffassung geht dahin,
überhaupt alles Geschriebene oder Gedruckte darunter zu rech-
nen. Da das Pidgin in China jedoch vor allem ein gesprochenes
Verständigungsmittel war, ist selbst dieser großzügige Defini-
tionsbereich nicht ganz zufriedenstellend.

Einer anderen Anschauung zufolge kann alles, was eine Beziehung zur Geschichte der Kultur hat, als Literatur aufgefaßt
werden.[175] Setzt man diese Theorie an, ergibt sich hinsichtlich der möglichen Existenz eines pidginenglischen Literaturkanons bereits ein etwas aussichtsreicherer Boden. Sie verlangt aber einen konkreten Bezug zur Kulturgeschichte der
Sprecher, deren Literatur erörtert werden soll. Dabei ist es
allerdings fraglich, ob oder in welchem Maße man der Gruppe
der Pidginsprecher (europäischer oder chinesischer Herkunft)
einen nennenswerten kulturellen Stellenwert als nach außen
hin soziolinguistische Einheit zumessen kann.

---

[175] Besonders vertreten von E. Greenlaw, *The Province of
Literary History* (Baltimore, 1931), S. 174 ff.

Zur allgemeinen Diskussion der Literaturtheorien vgl.
R. Wellek/A. Warren, *Theory of Literature* (New York,
1942), bes. Kap. 1-3.

Eine weitere Möglichkeit der Literaturauffassung besteht da-
rin, den Begriff auf die sogenannten großen Werke zu beschrän-
ken, eine Einstufung, die gänzlich auf der literarästhetischen
Wertung in Verbindung mit allgemeiner, geistiger Größe beruht.
Dieser Gesichtspunkt ist sogar auf dem Gebiet der Kulturspra-
chen sehr problematisch und kann keinesfalls auf die besondere
Situation des CPE angewandt werden, nicht zuletzt aufgrund des
Fehlens jeglichen größeren Schrifttums.

So scheint denn die einzige Möglichkeit, den Begriff des Literarischen[176] in das chinesische Pidgin einzuführen oder nur
entfernt darauf anzuwenden, darin zu bestehen, von der besonderen Art des Sprachgebrauches und der Intention des Autors
auszugehen, da in einigen Texten und überlieferten Gedichtchen offenbar eine subtilere Darstellungsart gesucht wurde.
Wenn es gelingt, wenigstens zwei verschiedene Stilebenen,
eine alltägliche und eine funktional differenzierte zu erkennen, könnte letztere unter Umständen als literarisierendes
Element bezeichnet werden.

Nach der bisherigen Analyse des CPE mag es erstaunen, überhaupt
das Gebiet des Literarischen mit dem Handelsidiom in Verbindung zu bringen. Es wurde als reine Zwecksprache beschrieben,[177]
welche über ein sehr beschränktes Vokabular und oftmals amor-
phes Wortgut verfügt, eine im Vergleich zu indoeuropäischen
Sprachen stark reduzierte Grammatik und Syntax sowie ziemlich
ungefestigte Schreibung besitzt und viele andere Abbauphänomene
aufweist. Für komplexe Zusammenhänge des Geschäftslebens als
unzureichend erklärt, mag man mit Recht daran zweifeln, ob es
nicht an Hybris oder übertriebenen Sprachidealismus grenzt,
die Möglichkeit eines literarisierenden Sprachgebrauches feststellen zu wollen. Ganz so abwegig ist die Vorstellung jedoch

---

[176] Mit dem Begriff Literatur verbindet sich keinesfalls nur
derjenige der Hochliteratur im Sinne der Kultursprachen!

[177] Manche Sprachwissenschaftler weigern sich sogar von einer
Sprache zu sprechen und benutzen daher den Begriff System.

nicht, wenn bedacht wird, daß sich in dem zum CPE verwandten
MPE bereits viele ernst zu nehmende literarische Versuche ab-
zeichnen.[178] Natürlich sind die kulturellen u n d linguistischen Voraussetzungen in Neuguinea für das Entstehen und
die grundsätzliche Möglichkeit eines Literaturkanons weitaus
günstiger, als sie es zur Blütezeit des CPE waren. Daher ver-
neinen auch die wenigen Fachkommentatoren eine effektive Existenz von literarischen Niederschlägen. Dem soll im Prinzip
keineswegs widersprochen werden, doch geben einige Beispiele
zu der Untersuchung Anlaß, die M ö g l i c h k e i t eines
literarisierenden Sprachgebrauchs aus der besonderen Absicht
des Autors zu klären. Es gibt Ansätze im CPE, die von Versuchen einer für Pidginverhältnisse differenzierten Sprachver-
wendung zeugen. Lelands Sammlung pidginsprachiger Gedichte und
Erzählungen[179] ist eine ergiebige Quelle dafür. Dichtung ist
nicht nur an ihrem inneren Wesen und der gewählten Sprache zu
erkennen, sondern auch durch die Intention des Autors ausge-
zeichnet. Obzwar das chinesische Pidgin generell von seiner
direkten Zweckorientierung geprägt wurde, läßt sich diese
Funktion in ihrer Ausschließlichkeit zumindest für Lelands
Sammlung kaum aufrechterhalten. Gerade die Gedichte sind keineswegs unter der Zielprojektion der konkreten Informations-
vermittlung verfaßt, sondern besitzen überwiegend belletri-
stische, fabulistische und anekdotenhafte Züge. In seiner Zu-
sammenstellung unterscheidet Leland prinzipiell zwischen
ballads und *stories*. Kennzeichen der *ballads* ist es, daß sie
in gebundener Sprache strophenförmig komponiert wurden und
durchaus auch in gesungenem Vortrag denkbar sind. Eine allgemeine einheitliche Strukturierung ist aber nicht zu erkennen.
Als Kunstgriffe werden häufig formale und euphonische Stil-
mittel eingesetzt, wie z. B. bestimmte Reimschemata (aabb,
abab, aabbcc u.a.), Anaphern, Alliterationen oder Assonanzen.

---

[178] Vgl. die syntaktischen Untersuchungen zur Bibel-
übersetzung in A. Bauer, S. 102 ff.

[179] Vgl. Fn. 69.

Ein kleines Gedichtchen, in dem auf humoristische Weise die
Unvollkommenheit der Sprache, in der es geschrieben ist, über-
spielt wird, mag dies veranschaulichen:

Slang-Whang

Slang-Whang, he Chinaman
Catchee school in Yangtsze-Kiang,
He larn-pidgin sit top-side gloun,
An' leedee lesson upside down,
Wit'h *Yatsh-ery - patsh-ery, snap* an' *sneeze,*
So fash' he chilo leed Chinese.

Slang-Whang, when makee noise,
Wit'h he pigtail floggee állo boys
Allo this pidgin much tim go,
What tim good olo Empelor Slo.
An' no more now in Yangtsze-Kiang
hab got one teacher good like Slang.[180]

Von allen Forschern wurde, vorausgesetzt, sie wußten von der
Existenz des Lelandschen Buches, die Pidgindichtung als indiskutabel abgetan, bestenfalls noch als einzelgängerische
"Spielerei eines Fremden"[181] bewertet. Dennoch scheinen
einige Gedichte im 19. Jahrhundert hauptsächlich unter den
chinesischen Pidginsprechern recht bekannt gewesen zu sein,
da sie längere Zeit über durch die mündliche Tradierung
weiterlebten.[182] Zu diesen gehörte die Wiedergabe von Longfellows "Excelsior", die vermutlich einem amerikanischen
Marineoffizier zuzuschreiben ist.

---

[180] Leland, S. 28.

[181] So Kindt, 202.

[182] Daher erklären sich auch die Abweichungen der einzelnen
Abdrucke; vgl. z. B. den Anfang der Norvalwiedergabe bei
Simpson, S. 278, und Leland, S. 112.

In der Beurteilung der Übersetzung, oder vielmehr der Pidgininterpretation, gehen die Meinungen der Kritiker allgemein dahin, daß das Gedicht nicht in dem sonst gebräuchlichen Pidgin verfaßt sei und deshalb gänzlich isoliert stehe.
Wahrscheinlicher ist aber Halls Ergebnis, das von einem pidginsprachigen Informanten gestützt wird, der in dem Gedicht
keinesfalls eine sprachliche Entfremdung sieht:

> This version /die Excelsiorwiedergabe7 is said
> to have been current in China since the middle
> of the nineteenth century; M /Halls Informantin7
> reports that her father considered it the best
> piece of literature in CP, and absolutely true to
> the spirit of the language. It has been reproduced
> various times in ordinary English spelling ... 183

Offensichtlich ist also doch ein differenzierter Sprachgebrauch denkbar, so daß man zwar angesichts englischer Wort-
kunst und subtiler Gedankenführung von einer "Profanation
der Poesie"[184] sprechen kann, andererseits aber innerhalb
des Pidgin Ansätze zu einer vom Alltäglichen intentional
und stilistisch abgehobenen Sprachebene erkennbar sind. Die
Versuche der Literarisierung sind als Folgen des verstärk-
ten englischen und amerikanischen Einflusses zu werten.

Gemeinhin erstreckt sich die Datierung literarischer Proben
auf das letzte Viertel des 19. Jahrhunderts. Longfellows
Excelsiorwiedergabe dürfte erst um diese Zeit auch westli-
chen Autoren bekannt geworden sein, wie der Aufsatz einer
amerikanischen Autorin erkennen läßt, die bezüglich der
Datierungsproblematik bemerkt: "This version of the American

---

[183] "Chinese Pidgin English: Grammar and Texts", *Journal of
the American Oriental Society*, 64 (1944), 112, Fn. 18.

[184] So Kreyenberg, 596.

poem is found in a book by Gen. James F. Rusling, written
in 1874, *Across America; or, The Great West and the Pacific
Coast*."[185]

Etwas früher setzt Hall die allgemeine Kenntnis des
"Topside Gallah",[186] wie die Pidginüberschrift lautet, an.[187]
Die ersten literarischen Betätigungsversuche reichten indes
bis in die klassische Periode des CPE, was aus einem Vermerk
im Vorwort der einzigen CPE-Textsammlung über die Pidginversion von "Norval", der neben "Excelsior" wohl bekanntesten
Verarbeitung eines englischen Dichtwerkes, hervorgeht:

> I have placed at the end of this work the well-known
> and popular version of "Norval", which first appeared
> at least forty years ago, and that of "Excelsior" -
> the names of the authors being unknown to me.188

Bedenkt man, daß Lelands Sammlung im Jahre 1876 herauskam,
so ist die Kenntnis von "Norval" schon in den Dreißigerjah-
ren des 19. Jahrhunderts anzusetzen.

Die frühen Versuche einer gebundenen Pidginsprache waren auf
die Initiative englischsprachiger Träger des CPE zurückzu-
führen, die in dem neuen Kontaktmedium das kunstvoll-schöp-
ferische Element vermißten. Dennoch waren die bekanntesten
Versionen den einheimischen Chinesen bald geläufig.

Sicherlich läßt sich geteilter Meinung darüber sein, ob die
Pidginversion eines englischen Gedichtes auch vom Standpunkt
einer anderen Sprache aus gewisse literarische Qualitäten
besitzt, wenngleich sie nur reproduktiv ist und selbst jeder
übersetzungstechnischen Kongenialität entbehrt. Zur besseren
Beurteilung der sprachlichen Wertverhältnisse sollen der
Longfellowsche Originaltext und die pidginenglische Interpretation einander gegenübergestellt werden:

---

[185] Meredith, 149.

[186] Auch *Topside Galow* geschrieben.

[187] Vgl. das Zitat auf S. 102.

[188] Leland, S. 8

Excelsior

The shades of night were falling fast,
As through an Alpine village pass'd
A youth who bore, 'mid snow and ice,
A banner with the strange device,
    Excelsior!

That nightey-tim begin chop-chop
One young man walkey, no can stop,
Maskee snow, maskee ice,
He cally flag with chop so nice
    Top-side galow!

His brow was sad; his eye beneath
Flash'd like a falchion from its sheath,
And like a silver clarion rung
The accents of that unknown tongue,
    Excelsior!

He muchee solly - one piecee eye
Look-see sharp - so - all-same my,
He talkey largey - talkee stlong,
Too muchee curio - all-same gong.
    Top-side galow!

In happy homes he saw the light
Of household fires gleam warm and bright;
Above, the spectral glaciers shone,
And from his lips escaped a groan,
    Excelsior!

Inside house he can see light,
And evely loom got fire all light,
He lookee plenty ice more high,
Insidee mouth he plenty cly,
    Top-side galow!

"Try not the Pass!" the old man said,
"Dark lowers the tempest overhead,
The roaring torrent is deep and wide!"
And loud that clarion voice replied,
    Excelsior!

Olo man talkee, "No can walk,
By'mby lain come - velly dark,
Hab got water, velly wide."
Maskee, my must go top-side,
    Top-side galow!

"O stay!" the maiden said, "and rest
Thy weary head upon this breast!"
A tear stood in his bright blue eye,
But still he answer'd with a sigh,
      Excelsior!

"Man-man," one girley talkee he,
"What for you go top-side look-see?"
And one tim more he plenty cly,
But allo-tim walkee plenty high,
      Top-side galow!

———

"Beware the pine-tree's wither'd branch!
Beware the awful avalanche!"
This was the peasant's last good-night!
A voice replied, far up the height,
      Excelsior!

"Take care t'hat spoilum tlee, young man,
Take care t'hat ice. He want man-man."
T'hat coolie chin-chin he, "Good-night!"
He talkee my can go all light,
      Top-side galow!

———

At break of day, as heavenward
The pious monks of St. Bernard
Utter'd the oft-repeated prayer,
A voice cried through the startled air,
      Excelsior!

Joss-pidgin-man he soon begin
Morning-tim t'hat Joss chin-chin,
He no man see him plenty fear,
Cos some man talkee he can hear
      Top-side galow!

———

A traveller, by the faithful hound,
Half-buried in the snow was found,
Still grasping in his hand of ice
That banner, with the strange device,
      Excelsior!

T'hat young man die, one large dog see
Too muchee bobbely findee he.
He hand blong colo - all-same ice,
Hab got he flag with chop so nice,
      Top-side galow!

There, in the twilight cold and gray,
Lifeless, but beautiful, he lay,
And from the sky, serene and far,
A voice fell, like a falling star,
Excelsior!

MORAL
You too muchee laugh! what for sing
I tink so you no savvy t'hat ting!
Supposey you no blong clever inside,
More betta *you* go walk top-side,
Top-side galow!189

Neben "Excelsior" war vor allem die viel ältere Pidginversion von "Norval" bekannt. Da das Gedicht bis zu Lelands
Aufzeichnung ausschließlich mündlich tradiert wurde, erklären sich die einzelnen Abweichungen späterer Fixierungen,
was bereits aus der ersten Strophe von Simpsons und Lelands
Übertragungen offenkundig wird:

Norval

"My name belongey Norval, top-
Side gallow that Grampion hill
My Father catchey chow-chow for him piecey
Sheep," &c.190

My name blong Norval - top-side t'hat too
high mountain
My too muchee olo fáta pay t'hat sheep
he chow-chow.191

---

189 Aufgezeichnet in Leland, S. 114 ff. Die Longfellowsche
Version wurde von mir der besseren Vergleichsmöglichkeit
wegen zwischen die einzelnen Pidginstrophen eingereiht.

190 Aufgezeichnet in Simpson, S. 278.

191 Aufgezeichnet in Leland, S. 112.

Da die Gedichte selten gelesen, jedoch häufig rezitiert wurden, ist die etwas befremdend wirkende Transliteration bei
der Beurteilung außer Acht zu lassen.[192] Beim ersten Vergleich der originalen und der pidginenglischen Versionen fällt
sofort die Ausdrucksarmut letzterer auf. Die subtil differenzierten Aussagen werden auf ihren rein faktischen Informa-
tionswert minimiert und selbst dabei müssen noch starke Einschränkungen gemacht werden.[193] Bei einem Gesamtwortschatz
von maximal 800 lexikalischen Einheiten und einer behelfsmäßigen, hyperanalytischen Sprachstruktur muß die CPE-Über-
setzung auf einen englischsprachigen oder englischsprechen-
den Leser notgedrungen äußerst unbeholfen und erheiternd wir-
ken, während ihr der Chinese bereits bedeutend sachlicher
gegenüberstehen dürfte. Zweifellos fehlt in "Topside Gallah"
jegliche im Gegenstück vorhandene Nuancierung des Ausdrucks,
Deklamatorik und Pathetik, die in Longfellows Werk so reich-
lich spürbar ist. Erwägt man aber, daß das Vokabular des
amerikanischen Dichters an die 30 000 Wörter oder mehr be-
tragen haben dürfte, so ist die Übersetzung innerhalb eines
Spielraumes von weniger als einem Dreißigstel des Lexikons
eine beachtliche Leistung. Der unbekannte Verfasser hat darüber hinaus nicht nur eine möglichst gute, sachliche Wiedergabe angestrebt, sondern auch versucht, die Schwächen des
sprachlichen Ausdrucks durch einen wohltönenden, rhythmisch
und melodisch ausgewogenen äußeren Rahmen, so gut es ging,
auszugleichen. Neben den schon erwähnten Stilmitteln[194] verwendet er enjambierende Schreibweise und begnügt sich keineswegs nur mit informatorisch platten Vers-pro-Vers-Aussagen.
Mag die Pidgininterpretation von Longfellows Schöpfung gerade
für englische Hörer überaus schwerfällig, entstellt und
humoresk klingen, sie zeigt immerhin, daß innerhalb des CPE

---

[192] Ein eigenes Orthographiesystem, wie z. B. die Alexis-
hafenorthographie im MPE, gibt es nicht.
[193] Ausdrücke wie *shades* oder *Alpine village* werden über-
gangen.
[194] Vgl. S. 100.

eine stilistische Verfeinerung möglich ist. Zwar kann wegen
der wortschatzmäßigen Beschränkung den literarischen Kriterien, wie sie in Kultursprachen gelten, nicht einmal annähernd entsprochen werden, doch eignet dem CPE durchaus
eine Differenzierung des Ausdrucks, so daß sich innerhalb
der gegebenen Grenzen ein literarisierender Sprachgebrauch
beobachten läßt. Neben dem rein inhaltlichen Ausdruckswert
der Wortverbindungen wird besonders auf die äußere Ästhetik,
d. h. die Euphonie, Satzmelodik und Rhythmus viel Mühe ver-
wandt. Trotzdem sollte die gesamtthematische Seite nicht all-
zusehr unterbewertet werden, und wenn die Aussageform in fol-
gendem Gedichtchen als infantil oder naiv beurteilt wird, so
entspricht sie doch ganz der thematischen Zielsetzung der
beiden Strophen als Wiegenlied, in dem sich klangliche Har-
monie und textliche Schlichtheit wie in ähnlichen Liedern
anderer Sprachen verbinden:

> Littee Jack Horner
> Makee sit inside corner
>   Chow-chow he *Clismas* pie;
> He put inside t'um,
> Hab catchee one plum,
>   *Hai yah!* what one good chilo my![195]

Die Möglichkeit, innerhalb des gesetzten Rahmens im Vergleich
zum zweckorientierten Alltagspidgin einen gehobeneren Stil
zu gebrauchen, kann anhand von Lelands Büchlein, das kleinere,
lehrhafte, pointenreiche und humorvolle Gedichtchen, Sprüche
und Erzählungen enthält, nachgewiesen werden. Daß es sich
nicht um eine völlig unkritische Niederschrift pidginenglis-
cher Literarisierungsversuche handelt, sondern um das Bemühen, möglichst den zeitgenössischen Stil wiederzugeben, betont der Autor in seinem Vorwort ausdrücklich:

---

[195] Aufgezeichnet in Leland, S. 75.

... two distinguished Anglo-Chinese scholars,
Professor R.K. Douglas and H.A. Giles, with other
proficients who have paid much attention to Pidgin-
English, were so kind as to take great interest in
this work while it was in progress, aiding me by
correction, criticism, and contribution of material
of every kind, and ... they consider the language
of the songs and stories as generally appropriate
and correct.[196]

Wenn auch Lelands eigene Poetisierungsversuche nicht ganz so
überzeugend sind wie z. B. die Versionen von "Norval" oder
"Excelsior", deren Autoren leider unbekannt blieben, ist anhand der Proben doch ein viel eleganterer und geschmeidigerer
Sprachgebrauch feststellbar als in den nüchternen Texten, die
über das Handelsleben erhalten sind. Als weiteres Beispiel für
die Möglichkeiten des pidginenglischen Stiles mag die amüsante
Interpretation des chinesischen Sprichwortes "lou-shu-lai-kek-
teng" dienen, das auf fabulistisch-witzelnde Art von einer
Ratte berichtet, die einen Nagel herauszieht:

> *The Rat*
>
> One-tim one piecee *l*at
> Pull hard to catchee nail,
> And talkee when he come:
> "Look-see what largey tail!
>
> "But now my gettee out
> T'his ting no good - no how[197]
> One piecee olo iron
> No blongey good chow-chow."
>
> Supposey man lose tim
> 'Bout one long foolo tale,
> He take you in - P'ho!
> It all-same *l*at an' nail.[198]

Außer den Versionen von "Excelsior" und "Norval" und den Ge-

---

[196] Ebd., S. 5 f.

[197] *How* ist hier nicht das englische Interrogativadverb,
sondern die anglisierende Transliteration des chinesischen Adjektives *hao* 好 'gut'.

[198] Leland, S. 73.

dichtinterpretationen chinesischer Sprichwörter finden sich
ganz unabhängige Eigenschöpfungen Lelands in seinem Bändchen. Sie sind fast durchwegs humoristischen Inhalts, der
aber keinesfalls nur Selbstzweck ist, sondern fast stets
durch eine lehrreiche Pointe abgerundet wird. Abgesehen von
dem Bemühen um eine gebundene Sprache in den Liedgedichtchen,
ist der lehrhaft-fabulierende Ton in vielen Stücken des Büch-
leins auch sprachlich nicht ganz unbegründet, da gerade die
Fabel eine Gattung darstellt, die mit einfachen Mitteln die
übertragene Lehraussage unmißverständlich offenkundig machen
kann. Sicher sind Lelands Geschichtchen keine reinen Fabeln,
doch ist immerhin das häufige Auftreten von Tieren, die als
Mittler für die Aussage dienen, bezeichnend.[199] Besonders
deutlich wird die belehrende Funktion vieler Episoden durch
die epigrammatischen Moralstrophen, die sich mit mehr oder
minder deutlichem Resumee am Schluß vieler Gedichtchen befin-
den. Dabei scheint allerdings die Herkunft des Verfassers in
der Art der Behandlung einzelner Themata durch. Wie geschickt
Leland innerhalb der engen Grenzen, die ihm im CPE gesetzt
sind, verfährt, zeigt folgende Humoreske, in der die Stellung
des CPE indirekt mit der des Standardenglisch verglichen wird.
Zum besseren Verständnis des Gedichtes sei versucht, eine
sinngemäße Metaphrase beizufügen:

> *Mary Coe*
>
> In the city of Whampo'
> Lib Joss-pidgin-man name Coe.
> Massa Coe, he missionaly,
> Catchee one cow-chilo Maly.
>
> In der Stadt Whampoa
> lebt der Geistliche namens Coe.
> Herr Coe, ein Missionar,
> nahm ein kleines Mädchen, Mary, zu sich.

---

[199] Dies äußert sich schon in den Titeln, z. B. "The Cat",
"The Rat", "The Pigeon", "The Rebel Pig".

Fáta-man he *l*eadee book,
Maly talkee wit'h he cook;
Good olo fáta talkee Josh,
China-cook he talkee bosh.

Der Pater liest Bücher,
Mary indes unterhält sich mit dem Koch;
Der gute, alte Pater betet zu Gott,
Während der chinesische Koch Unsinn redet.

All-day Maly stand and talk,
Or go outside wit'h cook to walk;
She wantchee much to helpee him,
An' talkee Pidgin allo-tim.

Den ganzen Tag steht Mary umher und unterhält sich
Oder sie geht mit dem Koch hinaus, um einherzuspa-
zieren;
Sie will ihm immer helfen
Und spricht die ganze Zeit Pidgin (zu ihm).

By'mby t'hat Ma*l*y gettee so,
He only talkee Pidgin - *g'low*.[200]
An' fáta so*l*ly to look-see,
She tinkee-*l*eason like Chinee.

Allmählich ergab es sich für Mary so,
Daß sie nur mehr Pidgin sprach - na ja.
Und der Pater bedauerte zu sehen,
Wie sie schon wie ein Chinese dachte (und
überlegte).

One piecee f*l*in f*l*om Boston come
One day to findee Coe at home,
He sháman wailo open door,
But Ma*l*y *l*un chop-chop before.

Als eines Tages von Boston ein Freund kam,
Um Coe zuhause zu besuchen,
Eilte der Diener, die Tür zu öffnen,
Aber Mary lief rasch hin und kam ihm zuvor.

T'hat gentleum talkee when he come,
"Is Mister Coe, my dear, at home?"
An' Ma*l*y talk he, ve*l*ly t*l*ue,
"My tinkee dis tim no can do.

---

[200] *Galow* ist hier eine bedeutungslose Interjektion.

Der Herr fragte sie, als er ankam:
"Ist Herr Coe zuhause, meine Teure?"
Und Mary erwiderte ihm, ganz richtig,
"Ich glaube, zur Zeit gerade nicht".

"He olo fâta - still as mouse,
He chin-chin Joss top-sidee house.
Allo-tim he make Joss-pidgin,
What you fan-kwei cally 'ligion".

"Der alte Pater, - mäuschenstill,
Betet in der Kirche.
Die ganze Zeit widmet er sich dem Gottesdienste
Oder dem, was ihr Ausländer Religion nennt.

T'hat gentleum much stare *galow*
To healee girley talkee so,
He say, "Dear child, may I inquire
Which form of faith you most admire?"

Der Herr starrt ganz verblüfft darein,
Als er das Mädchen so sprechen hört,
Und sagt: "Liebes Kind, darf ich fragen,
Welche Art des Glaubens du am stärksten verehrst?"

An' Maly answer he *lequest*,
"My like Chinee Joss-pidgin best;
My love Kwan-Yin wit'h chilo neat,
An' Joss-stick smellum muchee sweet.

Und Mary antwortet auf die Frage:
"Ich schätze den chinesischen Gottesdienst
am höchsten
Und liebe die Göttin der Barmherzigkeit
(Kwan-Yin) mit ihrem schönen Kind
Sowie den Weihrauchstab, der so gut riecht.

"Afong our olo cook, down-stair,
He teachee Maly Chinese *player*,
Talk if my chin-chin Fo, ch'hoy!
Nex' tim my born, my bornee boy.

Afong, unser alter Koch unten,
Hat mir, Mary, ein chinesisches Gebet gelernt
Und gesagt, wenn ich zu Buddha bete, ha!,
Dann werde ich nächstes Mal, wenn ich wieder auf
Die Welt komme, als Junge geboren.

An' t'hen my catchee, nicey new,
A 'ittle dacket - towsers, too,
An' *l*un about wit'h allo boys
In bu'ful boots 'at makee noise."

Und dann bekomme ich eine schöne, neue,
Kleine Jacke - und Hosen dazu,
Und laufe herum mit all den Jungens
In hübschen Stiefeln, die richtig Lärm machen.

Tear come in he gentleum eyes,
An' t'hen he anger 'gin to *l*ise;
He wailo scoldee Massa Coe
For 'glectin' littee Ma*l*y so.

Tränen stehlen sich in die Augen des feinen Herrn,
Und dann beginnt sein Ärger hochzusteigen;
Er eilt davon, um Herrn Coe kräftig zu rügen,
Weil er sich so wenig um Mary gekümmert hat.

An' Massa Coe feel ve*l*ly sore,
An' go an' scold he comp*l*adore;
An' comp*l*adore all ho*l*lor shook,
*L*un downy stairs an' bang 'he cook.

Und Herrn Coe tut dies sehr leid,
Und er geht und schilt den Komprador;
Und der Komprador, ganz schreckerfüllt,
Läuft treppab und bestürmt den Koch.

An' worsey allo-allo pain,
Ma*l*y go Boston homo 'gain;
No fi*l*ee c*l*acker any more,
Nor talk wit' cook an' comp*l*adore.[201]

Und zu ihrem großen Schmerz
Muß Mary wieder nach Boston heimkehren;
Dort gibt es keine Feuerwerkskörper mehr,
Noch ein Gespräch mit dem Koch und Komprador.

Bedenkt man die beschränkten Mittel, die Leland zur Verfügung
standen, so ist es erstaunlich, welche thematischen Pointen
er in das Gedicht einarbeiten konnte. Wie auch bei den anderen
21 pidginpoetischen Sprachproben hat der Autor immer eine typische Situation oder allgemein bekannte Verhältnisse beschrieben, so daß dem Leser bei der Lektüre dadurch schon das Verständnis erleichtert wurde. Um die Quintessenz der Aussagen

---

[201] Leland, S. 24 ff.

möglichst deutlich herauszuheben, hat er sogar vielen Versen
ein sogenanntes *Moral-Pidgin* beigefügt, das die wesentlichen
Gedanken und Folgerungen oder Ermahnungen nochmals zusammen-
faßt. Für "Mary Coe" lautet die erste Strophe:

Moral-Pidgin

If Boston girley be let go,
She sartin sure to b'lieve in Fo;
An' he nex' piecee in he plan,
Is to *l*un *l*ound an' act like man.

Offenbar traut Leland dem Leserkreis, den er anspricht, kein
allzu großes Urteilsvermögen zu, da er ähnliche epigrammati-
sche Resumees, die häufig postulatorischen Charakter haben,
auch anderen Gedichten folgen läßt. Die Einschätzung des
sprachlichen Mediums, dessen sich Leland bedient, ist, wie
auch aus dem zitierten *Moral-Pidgin* hervorgeht, nicht sehr
hoch. Die Kontrastierung zu dem einwandfreien Englisch des
amerikanischen Gastes betont dies noch besonders. Zugleich
bedeutet die Darlegung der soziolinguistischen Unumgänglich-
keit des CPE aber eine Aufwertung der Sprache im Rahmen ihrer
Kontaktfunktion, wenngleich in der zweiten Strophe des *Moral-
Pidgin* ausdrücklich vor einer unnötigen Aneignung des Pidgin
gewarnt wird:

So, littee chilos, mindee look,
An' neva talkee wit' t'he cook;
Fo' if you do, firs' ting you know,
You catchee fits - like Ma*l*y Coe.202

Das erste Ziel bei der Verfassung eines Pidgintextes ist die
Überbrückung der unmittelbaren Verständigungsschwierigkeiten.
Für die eigentlich künstlerische Bewältigung des Themas bleibt
dann nur noch ein äußerst kleiner Spielraum. So fehlen notge-

---

202 Ebd., S. 27.

drungen nahezu alle jene Kriterien einer Dichtung, die nur
in kultursprachlichen Werken möglich sind.[203] Zudem sind
die Themen vornehmlich realbezogen[204] und entbehren jeder
höheren Geistigkeit.[205]

Um den literarischen Stellenwert von "Mary Coe" und anderer
ballads innerhalb des CPE richtig zu beurteilen, ist es nötig,
nochmals auf die Glaubwürdigkeit der Lelandschen Proben einzugehen. Wie eingangs zitiert,[206] konnte sich der Autor auf
das Gutachten anerkannter Fachgelehrter berufen, die ihm be-
stätigten, daß die Sprache der Liedgedichtchen - wohl deswegen von Leland *ballads* genannt - "generally appropriate and
correct"[207] sei, obzwar jeder Standard verneint wird.[208]
Diese Ansicht kommt deutlich in den Texten zum Ausdruck, in
denen der Autor denn auch ziemlich großzügig verfährt. Seine
arbiträre Auffassung über die Struktur des Pidgin führt ihn
zu Direktübernahmen aus dem Englischen, die in dieser Form und
Häufigkeit nicht vertretbar scheinen.[209] Die Voreingenommenheit Lelands und auch F.W.I. Aireys, der ähnliche Versuche
unternahm,[210] klingt auch in Reineckes kurzer Notiz an, der

---

[203] Z. B. die subtilen Ausdruckswerte der Metaphorik, In-
direktion und vieler anderer Gedankenfiguren.

[204] Abgesehen von der Wiedergabe der Gedichtinterpretationen
"Norval" oder "Excelsior".

[205] Dies gilt nur für das CPE; im MPE könnte diese Aussage in
ihrer Pauschalität nicht mehr ganz aufrechterhalten werden.

[206] Siehe S. 109.

[207] Vgl. ebd.

[208] Vgl. dazu Halls gegenteilige Ergebnisse in "Chinese
Pidgin English: Grammar and Texts", 95-102, die sich
allerdings leider auf vornehmlich moderne Texte stützen
mußten.

[209] So tauscht er z. B. bedenkenlos die CPE-Konjunktion
spos, spposey gegen die englische Konjunktion *if* aus.

[210] Vgl. *Pidgin Inglis Tails and Others Plaited and Drawn
by F.W.I. Airey* (Shanghai, 1906).

schreibt: "Leland and Airey imitated the Pidgin in their humorous writings, or more exactly speaking, introduced it into their writings."[211]

Abgesehen von der Schwierigkeit der Wortwahl ist an den vorgestellten Versuchen ein weiteres Problem, auf Pidgin einen Text zu verfassen, ersichtlich, nämlich die Orthographie. Von Orthographie im eigentlichen Sinn des Wortes läßt sich im CPE nicht sprechen, da es nie eine allgemein verbindliche Schreibung gab. Alle Niederschriften sind im Gegensatz zum heutigen MPE in einer mehr oder minder geschickten Transliteration verfaßt, die auf der Grundlage der standardenglischen Konventionen beruht. Leland versuchte seinerseits die anglisierende Schreibweise für das CPE etwas umzugestalten, wodurch er dem Leser die Überbrückung von der Schreibung zur Lautung erleichtern wollte. Dabei ist sein Schriftsystem aber ziemlich uneinheitlich und bisweilen sogar leicht verwirrend. Er vermischte sowohl ideo-phonogrammatische Züge der englischen Schrift mit phonologischen Elementen als auch die auf nicht-phonemischer Grundlage beruhenden englischen Transliterationen mit einer aus den chinesischen Zeichen in eine quasi-phonemische lateinische Umschrift retransliterierten Wiedergabe von CPE-Wörtern. Diesen graphologisch recht schwierigen Sachverhalt sollen einige Beispiele erhellen. In Ermangelung eines normierten Orthographiesystems übertrugen die Engländer oder Amerikaner einen Pidgintext auf der Basis ihrer Schriftkonventionen. So wurde z. B. das häufig verwandte Spezifikativum /ˈpiːsiː/ gewöhnlich als *piecee* wiedergegeben. Zwar benützte Leland ebenso diese Schreibung, doch findet sich bei ihm auch *piecy*, ohne daß dies einen phonologisch relevanten, oder sei es nur allophonischen Unterschied bedeutet. Bei anderen Wörtern, die gleicherweise auf /-iː/ enden, will er dies dem Leser ebenso andeuten, verwendet aber für dasselbe Phonem wieder eine andere Transliteration, z. B. *piecie, mightey.*

---

[211] *Marginal Languages*, S. 793.

Bei einer zweiten Gruppe von Wörtern ist das Problem einer
angemessenen und widerspruchsfreien Graphologie weitaus hin-
tergründiger. Wenn chinesische Sprecher ein ursprünglich eng-
lisches Wort niederschreiben wollten, konnten sie das nicht
mittels des lateinischen Schriftsystems, welches ihnen lange
Zeit gänzlich unbekannt war, sondern sie versuchten für die
einzelnen Silben chinesische Schriftzeichen mit demselben oder
einem ähnlichen Klangwert wie im Englischen einzusetzen. Im
modernen Chinesisch ergab sich wegen der Sonderart des chinesischen Zeichensystems im Zuge neologistischer Einflüsse dieselbe Problematik, die mehr als 100 Jahre früher im Prinzip
auch für pidginenglische Umschriftungsversuche bestand, was
anhand eines Beispiels deutlich wird:

> The Chinese linguistic system demands that a word
> like 'telephone' be rendered as *tê-lü-fêng* 德律風
> (each syllable in a different tone), that is by
> three monosyllables which have each independent
> meanings, and which can be transcribed (the writing-
> system is a factor of importance) by three separate
> logograms arbitrarily selected from several possible,
> and which could be read as 'power-law-wind'. A poly-
> syllable causes difficulty to the hearer, and, ex-
> pressed by a string of characters, even more to the
> reader, whose first impulse is to find some thread of
> meaning in the series. Modern Chinese has in fact
> replaced *tê-lü-fêng* by *tien-hua* 電言舌, 'electric
> speech'.212

Diese solchermaßen durch die Interferenz chinesischer Zeichen
beeinflußte Aussprache versuchten die Engländer ihrerseits
wieder mittels des eigenen Schriftsystems wiederzugeben.
Da aber eine auf der englischen Schreibung beruhende korrekte
Transliteration der logogrammatischen chinesischen Umschriftung
den Verfassern von Pidgintexten oft zu entfremdend schien,
waren sie bestrebt, häufig quasi-phonemische Transkrip-
tionselemente mit in die anglisierende Schreibung aufzunehmen. So gibt es in Lelands *Pidgin-English Sing-Song*
zahlreiche Vermengungen von englischer Orthographie und
phonologischen Hilfen. Letztere sind aber recht willkürli-

---

212 Whinnom, S. 94.

chen Charakters und tragen bisweilen eher zu einer Verwirrung
als zur Klärung bei, wie die Gegenüberstellung einiger Beispiele zeigt:

Leland-Schreibung englischer Wörter	Aussprache für beide Rubriken	Leland-Schreibung mit quasi-phonemischen Hilfen	
iron	/ai/	nai - foo	'knife'
side	/ai/	wai - fo	'wife'
coolie	/u/, /k/	kuk - man	'cook'
coolie	/i/	nai - ti	'night'
jade	/ei/	Se-wai-tun	'Sweden'
how	/au/	ko-au-sei	'go out-side'

Der Grund für die Uneinheitlichkeit der Schreibung liegt in
der beschränkten Funktion des CPE. Nur Idealisten, Humoristen
oder Reiseberichterstatter versuchten das gesprochene Pidgin
zu Papier zu bringen. Um zu einem objektiveren Lautwert zu
gelangen, wurden einige Texte von Hall in Annäherung ihrer
phonemischen Qualität ins API-System umgeschrieben.[213] Im Gegensatz zum CPE hatte man das Problem im MPE besser gelöst.
Dort gab es zwar auch verschiedene Schreibarten, doch waren
die einzelnen Systeme aufgrund des Einflusses der lauttreueren
deutschen Schrift erheblich stimmiger.

Die behelfsmäßigen Fixierungen von Pidgintexten trugen nicht
gerade dazu bei, die literarische Intention ihrer Autoren glaub-
würdiger zu machen, insbesondere wenn der Autor mit dem verarbei-
teten Stoff vom Thema her etwas ambitiösere Intentionen verband.
Sicherlich ist dabei der Begriff Literatur nur unter Ein-

---

[213] Vgl. die Transkriptionen in "Chinese Pidgin English:
Grammar and Texts", 102 f.

schränkungen zu verwenden, doch eignet ihm wenigstens in
dem Sinne eine gewisse Berechtigung, als bei manchen Erzählungen oder Gedichten die Absicht über das rein Faktisch-
Informierende hinausgeht. Leider ist bei Leland und Airey die
sprachliche Form des Pidgin unter Vorbehalt zu betrachten, da
sie oft allzu frei verfuhren. Nichtsdestoweniger soll als Gegenstück zu den pidginpoetologischen Sprachproben eine Erzählung vorgestellt werden. Zum besseren Verständnis des Tex-
tes sei versucht, auch hier wieder eine Übersetzung dem Stück
beizugeben:

Fire and River

One-time plenty man foreign
debilo go inside country,
makee chow-chow.
Englishman he talkee *pic-nic*
- China-side no got.
By'mby állo man finishee
chow-chow,
plenty man too muchee dlunk.

One piecee gliffin talkee he
boy, "Just now my wantchee
smokum pipe. Chop *na-ho lai*!"

- belong Englishee talkee,
"Pay my t'hat liber!"
T'hat boy wantchee laugh, he
too muchee fliten - thinkee
he massa velly dlunk, no
savvy what ting he talkee.

He massa look-see t'hat boy
no makee wailo, tinkee he no
hab hear, he velly largey
talkee he, "Na-ho-lai!"; maskee
t'hat boy no can sabby,
talkee he massa, "No can do".

He massa wantchee flog he;
t'hat boy makee cly-cly,
talkee, "How fashion my can
pay liber?"
He master talkee he, "My
no wantchee liber - my
wantchee fire."

Einmal brachen viele Männer ins
Landesinnere auf, um ein Essen
zu veranstalten.
Der Engländer nennt es Picknick
- in China gibt es das nicht.
Allmählich hörte jeder auf zu
essen (und)
viele hatten schon zuviel ge-
trunken.
Ein Neuling rief zu seinem
Diener: "Eben jetzt möchte ich
eine Pfeife rauchen. Los, mach
schon, *na-ho-lai*!"
oder ins Englische übersetzt:
"Bringe mir jenen Fluß dort!"
Da wollte der Diener lachen, aber
er hatte zuviel Angst -
und dachte, sein Herr sei stark
betrunken und wisse nicht, was
er rede.
Als sein Herr sah, daß der Diener
nicht davoneilte, dachte er, daß
er ihn nicht gehört hätte und
rief sehr laut: "Na-ho-lai!";
trotzdem verstand ihn der Diener
nicht und sprach: "Das kann ich
nicht."
Daraufhin wollte ihn sein Herr
schlagen; der Diener aber begann
zu weinen und sagte: "Wie kann
ich denn den Fluß holen?"
Da erwidert ihm sein Herr: "Ich
will doch nicht den Fluß, ich
wünsche Feuer."

And t'hen he massa talkee so-fashion, állo China boy makee laughum.
"Blong massa talkee Chinee, no hab talkee p*l*opa. Massa talkee, 'Na-ho-lai!' - pay my t'hat *l*iber! nother-tim massa more betta talkee, 'Na-huo-lai!' - blong pay my t'hat *fire*!"214

Und als sein Herr dies kundgetan hatte, lachten alle chinesischen Diener.
"Mein Herr spricht das Chinesische nicht richtig aus. Er sagt: 'Na-ho-lai!' - bringe mir den Fluß! Ein anderes Mal aber spricht er verständlicher: 'Na-huo-lai!', was heißt: bringe mir *Feuer*!"

Wie in "Mary Coe" will Leland durch das Thema seiner Geschichte dem Leser die besondere Schwierigkeit der Verständigungssituation vor Augen führen. Daneben zeigt die Erzählung aber doch, wie ein Pidgintext, und selbst wenn er der Beschaffenheit des tatsächlich gesprochenen CPE nicht ganz genau entspricht,215 durchaus einige wesentliche Funktionen übernehmen kann. In "Fire and River" wird die spezifisch sprachkontaktliche Problematik erkennbar. Der Leser erfährt zugleich entscheidende Kriterien des sozioethnischen Verhältnisses zwischen Briten und Einheimischen, etwa daß letztere nicht sehr geschätzt sind, neue Sitten ins Land bringen und sich aus Unkenntnis der Verhältnisse und Sprache oft ungeschickt verhalten. Haß und Verachtung der Chinesen für die neuen Herren sind deutlich spürbar.216 Andererseits aber ist die Angst der Diener vor dem Zorn der Fremden ebenso offenkundig,217 die erst wieder zu lachen wagen, nachdem die gespannte Situation gelöst wurde. Ähnlich den anderen Erzählungen entbehrt "Fire and River" nicht des Lehrcharak-

---

214 Leland, S. 110 f.

215 Kreyenbergs Aufsatz (vgl. 595 f.) läßt ebenso wie Bakers Erwähnung des Lelandschen Buches (vgl. *Encyclopaedia Britannica* (Chicago, 1950), unter "Pidgin English") den falschen Eindruck entstehen, es handle sich hier um eine originale Wiedergabe des typischen CPE im 19. Jahrhundert.

216 Vgl. zu diesen Punkten die Bezeichnung *foleign debilo*, die Erklärung des Wortes *pic-nic* oder den Hinweis auf *gliffin*.

217 Vgl. die Reaktion des Dieners: "T'hat boy wantchee laugh, he too muchee f*l*iten."

ters. Dem Leser sollen die Verständnisbarrieren in einer bilin-
gualen Situation gezeigt werden, um ihn zu einem toleranten
Verhalten beim Auftreten von Irrtümern anzuhalten. Die sprachlichen Mittel sind natürlich sehr anspruchslos. Außer der Ausdrucksarmut der Wörter, deren genaue Bedeutung durchwegs erst
im Kontext näher geklärt wird,[218] ist der Autor mit dem Problem
der bescheidenen syntaktischen Möglichkeiten konfrontiert. Da
für einen hypotaktischen Satzbau gemeinhin nur vier Konjunk-
tionen zur Verfügung stehen,[219] muß der Autor vornehmlich eigen-
ständige Hauptsätze oder aus solchen bestehende parataktische
Fügungen benützen. Um dabei nicht fortwährend mit der beiord-
nenden Konjunktion *and* anzuknüpfen, weicht er häufig auf asyn-
detische Reihungen aus, deren satzsemantische Funktion erst
aus dem näheren Kontext hervorgeht. Die kontextinhärente Moti-
vierung von Asyndeta im Sinne einer hypotaktischen Satzaussage
mag an einigen Beispielen aus "The Fire and the River" deutlich werden:

T'hat boy wantchee laugh, ⟶ he too muchee *fliten*
　　　　　　/adversativ/

My no wantchee *liber*, ⟶ my wantchee fire
　　　　　　/adversativ/

thinkee he massa *velly dlunk*, ⟶ no savvy what ting he talkee
　　　　　　　　　　/kausal oder kopulativ/

　　　　　　　　..., tinkee he no hab hear, ⟵ he ...
　　　　　　　　　　/anreihend kausal/220

And t'hen he massa talkee so-fashion, ⟶ állo China boy makee
　　　　　　　　　　　　　　　　　　laughum
　　　　　　　　　/temporal oder kopulativ/

---

[218] *Talkee* ist z. B. nicht allein als 'sprechen' zu interpretieren, sondern je nach dem Kontext als 'anordnen', 'erwi-
dern', 'fragen' etc.

[219] Es sind dies *but, cos (because), after* und das Konjugations-
surrogat *spos*, wobei die ersten drei in der Regel nur in
betont anglisierender Sprechweise zu finden sind.

[220] Im Sinne von *und weil*; andererseits kann die satztektoni-
sche Funktion von *tinkee* auch, wie in der Übersetzung, als
Hauptsatz gewertet werden.

Eine weitere Schwierigkeit in der Literarisierung des CPE bestand für den Autor darin, daß er bei der schriftlichen Niederlegung ohne die im gesprochenen Idiom für den Wort- und Satzsinn so wichtigen supraphonemischen Ausdrucksmittel auskommen mußte. Zwar versucht Leland durch viele Interpunktionshilfen,[221] Kursivdrucke und Interjektionen dem Leser eine Verständnisstütze zu geben, doch zeigen sich darin die Schwächen eines schriftlich fixierten Sprachsystems, das primär für die mündliche Kommunikation geschaffen wurde. Aber nicht nur aus textlinguistischen Gründen ist das Unterfangen Lelands und Aireys fragwürdig, auch literaturrezeptiv konnte ihm niemals ein großer Erfolg beschieden sein. Sowohl bei den ausländischen als auch bei den chinesischen Pidginsprechern bestand kein Literaturvakuum, das es, wie dies in Melanesien der Fall ist, auszufüllen galt. Beide Gruppen konnten auf ein reichhaltiges Angebot in ihrer eigenen Muttersprache ausweichen, so daß für die Literarisierungsversuche des Verkehrsidioms keine Aussicht einer Popularisierung erkennbar war. Dem wollte Leland wohl dadurch ein wenig vorbeugen, indem er situationsspezifisch soziokulturelle Themata behandelte, bei denen er ein gewisses Interesse unter den Pidginsprechern vermuten konnte. Ernsthafte Literarisierungsansätze des CPE - sei ihr Tenor auch humoristisch - fanden jedoch bei ihnen keinen Anklang, vielmehr wurden solche weit eher von pidginunkundigen, englischsprachigen Lesern zu ihrer Erbauung rezipiert.

So haben die literarischen Proben also einen mehr oder minder hypothetischen Wert in der Erörterung der Frage nach der Möglichkeit einer CPE-Literatur, von der man, wie die Darstellung zeigte, hinsichtlich der dünnen Schicht einschlägiger Beispiele selbst innerhalb des Rahmens der Notbehelfssprache nur recht bedingt sprechen kann.

---

[221] Man findet viele Fragezeichen, Ausrufezeichen, Gedankenstriche, Anführungsstriche, Apostrophe oder Bindestriche.

AIREY, F⌊rederic⌋ W⌊ilkin⌋ I⌊ago⌋. *Pidgin Inglis Tails and Others, Plaited and Drawn by F.W.I. Airey.* Shanghai, 1906.

ARMSTRONG, Martha. "Pidgin English Assumes a New Dignity", *The China Weekly Review,* 43 (1928), 240, 242.

BAKER, Sidney J⌊ohn⌋. *New Zealand Slang. A Dictionary of Colloquialisms.* Christchurch, ⌊194⌋1⌊⌋.

----. *The Australian Language.* 2nd. ed., Sydney, 1966 ⌊¹1945⌋, bes. Kap. XV.

----. "Pidgin English", *Encyclopaedia Britannica.* Chicago, 1950.

----. "Pidgin English", *Australian Encyclopaedia,* Sydney, 1965.

BARRERE, Albert/LELAND, Charles G⌊odfrey⌋. *A Dictionary of Slang, Jargon & Cant Embracing English, American, and Anglo-Indian Slang, Pidgin English, Gypsies' Jargon and Other Irregular Phraseology.* 2 Bde. London, 1897.

BATALHA, Graciete Nogueira. "Estado actual do dialecto macaense", *Revista portuguesa de filologia,* 9 (1958/1959), 177-213.

BAUER, Anton. *Das melanesische und chinesische Pidginenglisch: Linguistische Kriterien und Probleme.* Regensburger Arbeiten zur Anglistik und Amerikanistik, hg. K.H. Göller. Regensburg: Hans Carl, 1974.

----. ⌊Kritische Annotatio zu einem Artikel über Neuguinea im *Stern* 1 (1974)⌋, *Stern,* 4 (1974), 6.

----. ⌊Berichtigende Kritik zu einem Artikel über kreolsprachige Erscheinungen im *Stern* 10 (1974)⌋, *Stern,* 15 (1974), 7.

----. "Pidgin English - Past and Present: Sociocultural Function, Linguistic Features and Problems", *English and American Studies in German; Summaries of Theses and Monographs. (A Supplement to Anglia 1973),* hg. W. Habicht, Tübingen: Max Niemayer, 1974, 5-7.

----. *Das neomelanesische Englisch: Soziokulturelle Funktion und Entwicklung einer lingua franca*. Forum Anglicum 5, hg. O. Hietsch, Frankfurt: Peter Lang, 1975.

----. *Die soziolinguistische Status- und Funktionsproblematik von Reduktionssprachen*. Forum Anglicum 6, hg. O. Hietsch, Frankfurt: Peter Lang, 1975.

BLAND, J⟦ohn⟧ O⟦tway⟧ P⟦ercy⟧. "English as She is Wrote in the Far East", *The English Review*, 48 (1929), 711-719.

BLOOM, Lois M. *Language Development: Form and Function in Emerging Grammars*. Cambridge/Mass.: M.I.T. Press, 1970.

BLOOMFIELD, Leonard. *Language*. Repr., London, 1967 ⟦^{1}1933⟧.

----. "Literate and Illiterate Speech", *American Speech*, 2 (1927), 432-439.

BROCH, Olaf. "Russenorsk", *Archiv für slavische Philologie*, 41 (1927), 209-262.

BÜHLER, Charlotte. "Über die Prozesse der Satzbildung", *Zeitschrift für Psychologie*, 81 (1919), 181-206.

CANNON, P⟦hilip⟧ S⟦pencer⟧. "The 'Pidgin English' of the China Coast", *The Journal of the Army Educational Corps* ⟦britisch⟧, 13 (1936), 137-140.

"Canton-English", *Household Words*, 15 (1857), 450-452.

CARR, Elizabeth B⟦all⟧. "Recent Chapter in the Story of the English Language in Hawaii", *Social Process in Hawaii*, 24 (1960), 54-62.

----. "Pidgin English and Dialects in Hawaii", *Thrum's Hawaiian Almanac - All about Hawaii*, 90 (1968), 199-203.

----. *Hawaii's English - from Pidgin to Standard American Speech*. Honolulu: University of Hawaii's Press, 1971.

CARSTENSEN, Broder ⟦Rez.⟧. "R.A. Hall, *Pidgin and Creole Languages* (Ithaca: Cornell University Press, 1966)", *Die neueren Sprachen*, 67 (1968), 579-580.

CHOMSKY, Noam. *Syntactic Structures*. The Hague, 1957.

----. *Aspects of the Theory of Syntax*. Cambridge/Mass.: M.I.T. Press, 1965.

/COLOMB, A.7 "Pigeon English ou Bichelamar", *Revue de
    linguistique et de philologie comparée,* 46 (1913),
    109-117; 184-198.

"Coolie Esperanto", *The Literary Digest,* 51 (1915),
    1313-1315.

/DENNYS, Nicholas Belfield7. "'Pidgin English'",
    The Nation, 11 (1870), 118-119.

----. "'Pidgin English'", *Journal of the Straits Branch
    of the Royal Asiatic Society,* 2 (1878), 168-174.

DOBSON, William T. "Pidgin English", *The Argosy,* 73
    (1901), 105-109.

EAMES, James Bromley. *The English in China; Being an
    Account of the Intercourse and Relations between
    England and China from the Year 1600 to the Year
    1843 and a Summary of Later Developments.* London,
    1909, bes. S. 82-85.

EGEROD, Søren. *The Lungtu Dialect. A Descriptive and
    Historical Study of a South Chinese Idiom.*
    Copenhagen, 1956.

----. "Pidgin Portuguese a.d. 1621", *T'oung Pao,*
    46 (1958), 111-114.

EVANS, Eileen M. "Notes on the Phonetics of the Creole
    Language of Haiti", *Archiv für vergleichende
    Phonetik,* 2 (1938), 195-210.

"'Excelsior' in 'Pigeon English'", *Harper's Monthly
    Magazine,* 39 (1869), 783-784.

FEIST, Sigmund. "The Origin of the Germanic Languages
    and the Indo-Europeanising of North Europe",
    Language, 8 (1932), 245-254.

FERGUSON, Charles A/lbert7. "Diglossia", *Word,* 15 (1959),
    325-340.

----. "The Arabic Koinê", *Language,* 35 (1959), 616-630.

----. "Baby Talk in Six Languages". *The Ethnography of
    Communication,* hg. John Joseph Gumperz/Dell Hymes.
    Washington, D.C., 1964. S. 103-114.

FINCK, Franz Nikolaus. *Die Haupttypen des Sprachabbaus*.
5. Aufl., Stuttgart, 1965 /¹1909/.

FISHMAN, Joshua A/aron/ (Hg.). *Readings in the Sociology
of Language*. The Hague: Mouton, 1968.

FORREST, Robert Andrew Dermod. *The Chinese Language*.
London, 1948.

FRIES, Charles Carpenter. *The Structure of English*.
New York, 1952.

----. *Teaching and Learning English as a Foreign
Language*. Ann Arbor, 1963.

GILES, Herbert Allen. *A Glossary of Reference on Subjects Connected with the Far East*. 3rd. ed.,
Shanghai, 1900.

GLEASON, Henry Allan. *An Introduction to Descriptive
Linguistics*. Rev. ed., New York, 1967 /¹1955/.

GOODMAN, John Stuart. "The Development of a Dialect
of English-Japanese Pidgin", *Anthropological
Linguistics*, 9:6 (1967), 43-55.

GRANDA, Germán de. "La tipología 'criolla' de dos hablos
del área lingüística hispánica", *Thesaurus*,
23 (1968), 193-205.

----. Sobre el estudio de las hablas 'criollas' en
el área hispánica", *Thesaurus*, 23 (1968), 64-74.

GREEN, O/wen/ M/ortimer/. "Pidgin-English", *The Fortnightly*, 142 (1934), 331-340.

GREENLAW, Edwin. *The Province of Literary History*.
Baltimore, 1931.

GRUBER, Jeffrey S. "Topicalization in Child Language",
Foundations of Language, 3 (1967), 37-65.

GRÜNBAUM, M/aximilian/. "Mischsprachen und Sprachmischun-
gen", *Sammlung gemeinverständlicher wissenschaft-
licher Vorträge*, 20 (1885), 613-660.

HALL, Robert Anderson jr. "Chinese Pidgin English: Grammar
and Texts", *Journal of the American Oriental Society*,
64 (1944), 95-113.

----. /Rez./ "E.S. Sayer, *Pidgin English* (2nd. ed.,
Toronto, 1943)", *Language*, 20 (1944), 171-174.

----. "The Reconstruction of Proto-Romance", *Language*, 26 (1950), 6-27. ⫽Abgedruckt in Martin Joos (Hg.), *Readings in Linguistics*, Washington, D.C., 1957, S. 303-314⫽.

----. "Pidgin English and Linguistic Change", *Lingua*, 3 (1952), 138-146.

----. "A Scientific Approach to Pidgin", *Papua and New Guinea Scientific Society, Annual Report and Proceedings* (1954), 21-25.

----. *Hands off Pidgin English!*. Sydney, 1955.

----. "Sostrato e lingue creole", *Archivio glottologico italiano*, 40 (1955), 1-9.

----. "Creolized Languages and 'Genetic Relationships'", *Word*, 14 (1958), 367-373.

----. "Pidgin Languages", *Scientific American*, 200:2 (1959), 124-134.

----. "Pidgin", *Encyclopaedia Britannica*. Chicago, 1967.

----. "How Pidgin English has Evolved", *New Scientist*, 9 (1961), 413-415.

----. "The Life Cycle of Pidgin Languages", *Festschrift De Groot* ⫽=Lingua 11 (1962), 151-156⫽.

----. *Introductory Linguistics*. Philadelphia, 1964.

----. *Pidgin and Creole Languages*. Ithaca: Cornell University Press, 1966.

HANAN, P⫽atrick⫽ D⫽ewes⫽. "The Characteristics of Chinese", *Te Reo*, 3 (1960), 9-14.

HARTIG, Matthias/KURZ, Ursula. *Sprache als soziale Kontrolle. Neue Ansätze zur Soziolinguistik*. Frankfurt/Main: Suhrkamp, 1971.

HAUGEN, Einar. "The Analysis of Linguistic Borrowing", *Language*, 26 (1950), 210-231.

HAYES, A⫽ugustus⫽ A⫽llen⫽ jr. "Pidgin English", *Scribner's Monthly*, 15 (1878), 372-376.

HAYTER, H.G.W. *Pidgin English Rhymes*. Shanghai, 1909.

HELMCKE, Hans ⫽Rez.⫽ "R.A. Hall, *Pidgin and Creole Languages* (Ithaca: Cornell University Press, 1966)", *Anglia*, 87 (1969), 66-72.

HOCKETT, Charles F⫽rancis⫽. *A Course in Modern Linguistics*. New York, 1958.

HOOLEY, Bruce A. *Pidgins and Creoles*. ⫽Unveröffentl. Ms.⫽ Brisbane, 1963.

⫽HUNT, Cecil⫽. *Honoured Sir -- from Babujee*. London, ⫽1931⫽, bes. S. 30-32.

/HUNTER, William C.7 *The 'Fan Kwae' at Canton before Treaty Days 1825-1844. By an Old Resident.* London, 1882, bes. S. 60-64.

HYMES, Dell (Hg.). *Pidginization and Creolization of Languages.* Cambridge: University Press, 1971.

JAKOBSON, Roman. *Kindersprache, Aphasie und allgemeine Lautgesetze.* Uppsala, 1941.

JENNINGS, Gary. "Pidgin, No Laughing Matter", *Harper's Magazine* (1963, Juli), 69-73.

JESPERSEN, Otto. *Language, Its Nature, Development and Origin.* London, 1922.

"John Chinaman", *Appleton's Journal,* 3 (1870), 75-77.

KAINZ, Friedrich. *Die Psychologie der Sprache.* Bd. II., 2. umgearb. Aufl. Stuttgart, 1960, bes. S. 660-700.

KARLGREN, Bernhard. *The Chinese Language.* New York, 1949.

KASDON, Lawrence M./SMITH, Madorah E. "Pidgin Usage of Some Preschool Children in Hawaii", *Social Process in Hawaii,* 24 (1960), 63-72.

KEILER, Allan R. /Rez.7 "R.A. Hall, *Pidgin and Creole Languages* (Ithaca: Cornell University Press, 1966)", *Modern Language Journal,* 51 (1967), 317-318.

KINDT, Hermann. "Neuerfundene Sprachen, Pigeon English", *Die Gegenwart,* 10 (1876), 200-202.

KLEINECKE, David. "An Etymology for 'Pidgin'", *International Journal of American Linguistics,* 25 (1959), 271-272.

KLOSS, Heinz. *Die Entwicklung neuer germanischer Kultursprachen von 1800-1950.* München, 1952.

KNOWLTON, Edgar C. "Pidgin English and Portuguese". *Proceedings of the Symposium on Historical, Archaeological and Linguistic Studies on Southern China, South-East Asia and the Hong Kong Region,* hg. F/rancis7 S. Drake, Hong Kong: Hong Kong University Press, 1967. S. 228-237.

KOLLARITS, Jenö. "Sprachpsychologische Notizen", *Archiv für die gesamte Psychologie,* 44 (1923), 168-171.

KOPPELMANN, H/einrich7 L. "Sprachmischung und Urverwandtschaft", *Theodor Baader Festschrift 'Album Philologum'.* Tilburg, 1939, S. 15-26.

KREYENBERG, Gotthold. "Das Pidgin-Englisch, eine neue
    Weltsprache", *Preussische Jahrbücher*, 53 (1884),
    587-597.

LEGGE, /James7. "China", *Chamber's Encyclopaedia*.
    Bd. III. London, 1889.

Lehrbuch der chinesischen Sprache, hg. u. verf. von
    der Sonderabteilung für chinesischen Sprachunter-
    richt für ausländische Studenten an der Peking-
    Universität. Peking, 1959.

LEISI, Ernst. *Das heutige Englisch*. 5. Aufl., Heidelberg,
    1969 /¹1955_7.

LEITE DE VASCONCELOS, José. "Dialectos crioulos
    portugueses de Africa (Contribuções para o estudo
    da dialectologia portuguesa)", *Revista Lusitana*,
    5 (1897-1899), 241-261.

LELAND, Charles Godfrey. *Pidgin-English Sing-Song, or
    Songs and Stories in the China-English Dialect*.
    London, 1876.
----. "Wang-ti. One Piecee English Sing-Song",
    Macmillan's Magazine, 34 (1876), 76-78.
----. "Sandal-Wood English", *St. James's Gazette*,
    4. Juli, 1888, S. 5-6.

LENTZNER, Karl. *Dictionary of the Slang-English of
    Australia and Some Mixed Languages*. Halle, 1892.

LE PAGE, Robert B/rock7. /Rez._7 "R.A. Hall, *Pidgin
    and Creole Languages* (Ithaca: Cornell University
    Press, 1966)", *Journal of African Languages*, 6
    (1967), 83-86.

LINCOLN, Frances. "Defense of Authentic Pidgin",
    The Honolulu Star-Bulletin, 27. Dezember, 1959.
----. "Some Footnotes on Pidgin Grammar", *The Honolulu
    Star-Bulletin*, 24. Januar, 1960.

LOEWE, Richard. "Zur Sprach- und Mundartenmischung",
    *Zeitschrift für Völkerpsychologie und Sprach-
    wissenschaft*, 10 (1890), 261-305.

McLAREN, Jack. "You Speakee Pidgin English Plenty Good-
    Feller?", *The Literary Digest*, 93 (1927), 58.

MASTERMANN, Margaret. "Mechanical Pidgin Translation.
    An Estimate of the Research Value of 'Word-for-
    Word' Translation into a Pidgin Language, rather
    than into the Full Normal Form of an Output
    Language". *Machine Translation*, hg. Andrew Donald
    Booth. Amsterdam: North Holland Publishing Co.,
    1967. S. 195-227.

MAYR, Aurél. "A Pidgin-English Nevü Kevert Nyelvröl",
    Egyetemes Philologiai Közlöny, 9 (1885), 198-234.

----. "A Pidgin Englishröl", *Egyetemes Philologiai
    Közlöny*, 12 (1888), 129-157.

MELLEN, Kathleen D⁄ickenson⁊. "Of Slogans and Aloha;
    Pidgin and 'Progress'", *The Honolulu-Star-
    Bulletin*, 25. August, 1962.

MILLER, Mary Rita. "Attestations of American Indian
    Pidgin English in Fiction and Nonfiction",
    American Speech, 42 (1967), 142-147.

MORGAN, Raleigh ⁄Rez.⁊. "R.A. Hall, *Hands off Pidgin
    English!* (Sydney, 1955)", *Language*, 32 (1956),
    368-374.

MORSE, Hosea Ballou. *The Chronicles of the East India
    Company Trading to China 1635-1834*. 5 Bde.,
    Oxford, 1926.

NAGARA, Susumu. *A Bilingual Description of Some
    Linguistic Features of Pidgin English Used by
    Japanese Immigrants on the Plantations of Hawaii:
    A Case Study in Bilingualism*. 2 Bde. University
    of Wisconsin, Ph.D. Diss., 1969.

NEUMANN, Günter. "Russenorwegisch und Pidginenglisch",
    Nachrichten der Giessener Hochschulgesellschaft,
    34 (1965), 219-234.

----. "Zur chinesisch-russischen Behelfssprache von
    Kjachta", *Die Sprache*, 12 (1966), 237-251.

NIDA, Eugene A⁄lbert⁊. "Tribal and Trade Languages",
    African Studies, 14 (1955), 155-158.

⁄NOBLE, Charles Frederick⁊. *A Voyage to the East Indies
    in 1747 and 1748*. London, 1762.

Oxford English Dictionary. Oxford, 1933, unter "Pidgin
    English".

"Pidgin, No Baby Talk; it's a Way to Knowing Boong",
    Salt, 24. Mai 1943, S. 16-20.

PLATTEN, G.J. *The Use of Vernacular Languages as
    Vehicles of Instruction*. ⁄Sydney⁊, 1953.

PRICK VAN WELY, F⁄ranciscus⁊ P⁄etrus⁊ H⁄ubertus⁊. "Das
    Alter des Pidgin-English", *Englische Studien*, 44
    (1912), 298-299.

PRITCHARD, Earl H. *Anglo-Chinese Relations during the Seventeenth and Eighteenth Centuries*. University of Illinois Studies in the Social Sciences, Bd. XVII, Nos. 1-2, 1929.

RAY, Sidney H. "The Jargon English of Torres Straits". *Reports of the Cambridge Anthropological Expedition to Torres Straits*. Bd. III., *Linguistics*, hg. Alfred C. Haddon. Cambridge, 1907, S. 251-254.

REINECKE, John E. *Marginal Languages: A Sociological Study of Creole Languages and Trade Jargons*. Yale University, Ph. D. Diss. /Masch./, 1937.

----. "'Pidgin English' in Hawaii: A Local Study in the Sociology of Language", *The American Journal of Sociology*, 43 (1938), 778-789.

----. "Trade Jargons and Creole Dialects as Marginal Languages", *Social Forces*, 17 (1938), 107-118. /Abgedruckt in D. Hymes (Hg.), *Language in Culture and Society*, New York, 1964, S. 534-546./

REINECKE, John E./TOKIMASA, Aiko. "The English Dialect of Hawaii", *American Speech*, 9 (1934), 48-58.

RICE, Frank A. (Hg.). *Study of the Role of Second Languages in Asia, Africa and Latin America*. Washington, D.C., 1962.

ROGGE, Heinz. "Pidgin English. Eine Lingua Franca Ostasiens", *Zeitschrift für Anglistik und Amerikanistik*, 5 (1957), 321-326.

ROSSETTI, A. "Langue mixte et mélange de langues", *Acta linguistica*, 5 (1945/1949), 73-79.

SAYER, Edgar Sheappard. *Pidgin English*. 2nd. ed., Toronto, 1943.

SCHÖNFELDER, Karl-Heinz. *Probleme der Völker- und Sprachmischung*. Halle, 1956. /Habil.einleitung/.

----. "Pidgin English", *Zeitschrift für Anglistik und Amerikanistik*, 6 (1958), 54-58. /Kritik von Rogge, 1957/.

SCHUCHARDT, Hugo. "Die Lingua franca", *Zeitschrift für romanische Philologie*, 33 (1909), 441-461.

SCHULTZE, Ernst. "Sklaven- und Dienersprachen",
    Sociologus, 9 (1933), 377-418. /S. 402-408 über
    Pidginenglisch/.

SHAW, Wilkinson J. "Canton English", *The New Review*,
    16 (1897), 548-555.

SIMPSON, William. "China's Future Place in Philology",
    Macmillan's Magazine, 29 (1873), 45-48.

----. *Meeting the Sun: A Journey All Round the World,
    Through Egypt, China, Japan and California*. Boston,
    1877.

SMITH, William C. "Pidgin English in Hawaii",
    American Speech, 8 (1933), 15-19.

SPITZER, Leo (Hg.). *Hugo Schuchardt-Brevier. Ein
    Vademecum der Allgemeinen Sprachwissenschaft*.
    2. Aufl., Halle, 1928.

STORM, Johan. *Englische Philologie*. Bd. I, 2. Abtlg.
    2. Aufl., Leipzig, 1896.

SUN, Amelia/CHAN, Mimi/KWOK, Helen. "'Brokenly with
    their English Tongue /..7': The Writing
    Programme in the Contemporary English Course,
    University of Hong Kong", *English Language
    Teaching*, 25:1 (1970), 79-89.

TAGLIAVINI, Carlo. "Créole Lingue", *Enciclopedia
    Italiana*. 11, 833-835.

----. "Franca, Lingua", *Enciclopedia Italiana*,
    Rom, 1932.

THOMPSON, Robert Wallace. "O dialecto português de
    Hongkong", *Boletim de filologia*, 19 (1960),
    289-293.

----. " A Note on Some Possible Affinities between the
    Creole Dialects of the Old World and Those of
    the New", in R.B. Le Page, 1961, S. 107-113.

TSUZAKI, Stanley M. "Hawaiian-English: Pidgin, Creole,
    or Dialect?", *Pacific Speech*, 1:2 (1966), 25-28.

VOEGELIN, C/harles7 F/rederick7 u. F/lorence7 M/arie7.
    "Pidgin-Creoles", *Anthropological Linguistics*,
    6:8 (1964), 39-71.

WEBSTER, Grant. "Korean Bamboo English Once More",
    American Speech, 35 (1960), 261-265.

WEINREICH, Uriel. *Languages in Contact: Findings and
    Problems*. Publications of the Linguistic Circle
    of New York, No. 1, New York, 1953.

----. "On the Compatibility of Genetic Relationship
    and Convergent Development", *Word*, 14 (1958),
    374-379.

WELLEK, René/WARREN, Austin. *Theory of Literature*.
    New York, 1942.

WHINNOM, Keith. "The Origin of the European-based
    Creoles and Pidgins", *Orbis*, 14 (1965), 509-527.

----. /Rez./ "R.A. Hall, *Pidgin and Creole Languages*
    (Ithaca: Cornell University Press, 1966)",
    American Anthropologist, 69 (1967), 256-257.

----. "Linguistic Hybridization and the 'Special Case'
    of Pidgins and Creoles", in D. Hymes, S. 91-115.

/WILLIAMS, S. Wells/. "Jargon Spoken at Canton: How it
    Originated and has Grown into Use; Mode in which
    the Chinese Learn English; Examples of the
    Language in Common Use between Foreigners and
    Chinese", *The Chinese Repository*, 4 (1836), 428-435.

/----./ "Gaomun fan yu tsǎ tsze tseuen taou, or A
    Complete Collection of the Miscellaneous Words
    Used in the Foreign Language of Macao.
    2. Hungmaou mae mae tung yung kwei hwa, or
    Those Words of the Develish Language of the Red-
    bristled People Commonly Used in Buying and Selling",
    The Chinese Repository, 6 (1837), 276-279.

----. *The Middle Kingdom: A Survey of the Geography,
    Government, Literature, Social Life, Arts and
    History of the Chinese Empire and Its Inhabitants*.
    2 Bde., Rev. ed., New York, 1899 /1848/.

YARHAM, E.R. "Pidgin English he no die", *Contemporary
    Review*, 21 (1967), 189-191.

YOUNG, Arthur A. "The New Wave of Pidgin English in
    America", *The China Weekly Review*, 47 (1929), 456.

YULE, Henry/BURNELL, Arthur Coke. *Hobson-Jobson: Being
    a Glossary of Anglo-Indian Colloquial Words and
    Phrases, and of Kindred Terms*. London, 1886.

PERSONENVERZEICHNIS

Reinecke J.F.   16, 19, 22, 31,
                42, 46, 49, 54,
                55, 68, 76, 116

Rogge H.   47, 76, 77, 93, 94

Rusling J.F.   102

Scheller M.   13

Schnee H.   71, 73

Schönfelder K.H.   77, 96

Schuchardt H.   55

Shakespeare W.   43

Shaw W.J.   48, 52, 54

Simpson W.   41, 48, 101, 106

Staunton G.T.   31

Storm J.   95

Taylor D.   97

Whinnom K.   27, 51, 56, 57, 58,
              59, 61, 74, 97, 117

Williams S.W.   18, 22, 24, 25,
                26, 29, 32

SACHREGISTER

T E X T B E I S P I E L E

Einzelsätze aus dem 18. Jahrhundert:

He no cari Chinaman's Joss, hap oter Joss.
He does not worship the Chinaman's deity, he has another deity.

I moiki handsom face for he.
I saluted him.

I moiki grandi chin-chin for he.
I made my compliments to him.

Carei grandi hola, pickenini hola?
Do you want a large whore or a small whore?[222]

Zusammenhängende Texte aus dem 19. Jahrhundert:

At the Bookbinder's.

(Chinese:) My sabbee velly well, can fixee that book alla proper. How fashion you wanchee bindee?
I know how very well, and can fix that book quite well. How do you want it bound?

(Ausländer:) My wanchee takee go way alla this cover, putee nother piece.
I want to take away all this cover, and put on another.

I savy; you wantchee lever, wantchee sileek cofuh?
I know; do you want a leather or silk cover?

Alla same just now have got; you can do number one proper?
Just as you have at present; can you do an absolutely first-class job?

Can do, ca--an. I can secure my no got alla same lever for this; this have Eulop lever.
I can, indeed, I can assure you I have not this kind of leather for this; this is European leather.

Maskee, spose you no got lever, putee sileek, you please: my wantchee make finish one moon so, no mistake; you can do, true?
Never mind, if you haven't got leather, put silk, if you please; I want it finished in a month, without fail; can you do it, for sure?

---

[222] Noble, S. 241, 244, 263; vgl. auch Prick van Wely, 298-299, und Hall, "Chinese Pidgin English: Grammar and Texts", S. 109 ff.

Can see, can savy; I secure one
moon half so can bindee alla
proper. You can call-um one
coolie sendee go my shop.

I'll see, I'll find out; I
assure you in about a month and
a half I can bind it quite well.
You can call a coolie and send
him to my shop.

Velly well.

Very well.

At a Sweetmeat Shop.

Chin-chin. How you do; long time
my no hab see you.
I can secure hab long time.
Before time my no have come this
shop.
Hi-ya, so,eh! What thing
wantchee?
Oh, some litty chowchow thing.
You have got some ginger
sweetmeat?
Just now no got. I think Canton
hab got velly few that sutemeet.

Halloo, how are you? For a long
time I haven't seen you.
I can assure you it's a long time;
I never came into this shop before.

Ah, so, eh! What do you want?

Oh, some little things to eat.
Have you some ginger sweetmeats?

At present I have none. I think
Canton has very few of those
sweetmeats.[223]

---

[223] "Jargon Spoken at Canton", 433 ff.; vgl. auch Hall, "Chinese
Pidgin English: Grammar and Texts", 110, und Reinecke, *Marginal
Languages*, S. 800 f.